的教师学习——

汤丰林 ◎ 总主编

建教师智慧
习新生态

梁文鑫 等 ◎ 著

北京师范大学出版集团
BEIJING NORMAL UNIVERSITY PUBLISHING GROUP
北京师范大学出版社

图书在版编目(CIP)数据

构建教师智慧学习新生态/梁文鑫等著. —北京：北京师范大学
出版社，2024.8
（新时代的教师学习/汤丰林总主编）
ISBN 978-7-303-29883-9

Ⅰ.①构… Ⅱ.①梁… Ⅲ.①师资培养–研究 Ⅳ.①G451.2

中国国家版本馆 CIP 数据核字（2024）第 061905 号

图 书 意 见 反 馈　gaozhifk@bnupg.com　010-58805079
营 销 中 心 电 话　010-58802755　58800035
北师大出版社教师教育分社微信公众号　京师教师教育

出版发行：北京师范大学出版社　www.bnupg.com
　　　　　北京市西城区新街口外大街 12-3 号
　　　　　邮政编码：100088

印　　刷：北京虎彩文化传播有限公司
经　　销：全国新华书店
开　　本：787 mm × 1092 mm　1/16
印　　张：9.75
字　　数：163 千字
版　　次：2024 年 8 月第 1 版
印　　次：2024 年 8 月第 1 次印刷
定　　价：42.00 元

策划编辑：张筱彤　郭　翔　　　责任编辑：齐文媛
美术编辑：焦　丽　　　　　　　装帧设计：焦　丽
责任校对：陈　荟　　　　　　　责任印制：马　洁

"新时代的教师学习"系列丛书

编委会名单

总 主 编：汤丰林

副总主编：钟亚妮　李　军　胡春梅　梁文鑫

编　　委：(按姓氏笔画)

　　　　　王志明　汤丰林　孙美红　李　军

　　　　　李怀源　杨建伟　沈彩霞　郑蔚青

　　　　　胡春梅　胡淑均　钟亚妮　曹　杰

　　　　　梁文鑫

本卷作者：梁文鑫　陈卫亚　徐慧芳　胡淑均

　　　　　杨建伟

 总 序

Preface

让教师因学习而绽放生命之绚烂

当我在洒满人性光辉的教育之路上孜孜以求那份由理想和浪漫编织的教育人生的时候，蓦然回首，看到这条路上留下了三个清晰的印记：做教师、想教师、为教师。做教师，即自己作为教师的行动之路，那儿有迷茫、有苦恼、有喜悦、有绽放，终因教师而品味了人生的酸甜苦辣。想教师，即身为教师的元思考，古往今来，师者为尊，可是那个师者本该什么样？换言之，什么样的师者方可为尊？什么样的师者方可为师之大者？为教师，即师者之师的理想与追求，我们该为师者做些什么？充当师者之师？与师者为伴？做师者之舟？

畅想至此，我想起了法国哲学家吕克·费希(Luc Ferry)的观点。他认为，哲学有三个面向，即对事物的理解力、对正义的渴望和对救赎的寻找，分别对应着理论、道德与智慧。循着这样的思路，如果我们对教师做一个形而上的思考，那么一个以灵魂塑造为追求的真正的教师，首要的不是简单地教书教人，也不是简单地把握教育教学的艺术，而是在持续的自我修炼中，建构并完善以信念、道德、智慧为支柱的灵魂系统。这样一个以自我完善为根基、以人际互动为桥梁、以灵魂塑造为目标的教师灵魂系统的形成，根本手段绝非培训，而是要靠教师自身持续的学习反思。正是

基于这样的思考，我们建构了教师学习的研究体系。在这个研究体系中，我们力图建构教师成为师者的信念、道德与智慧三大支柱，此为"本"；探寻促进教师学习的方法与途径，此为"相"，"本"与"相"的有机结合是我们希望实现的目标。

教师学习作为一个概念，我们要做研究，就必须给它下一个精确的定义，否则按惯例看就是不严谨的学术研究。但通过查阅各种文献，我们发现研究者们几乎都是按照自己的研究取向对其做出解释的，甚至在一定意义上看，各种解释之间并没有实质性的不同，总体上只是表述不同或视角不同而已。正因此，我们避开了寻求概念界定的精准，而切换了一个视角——从教师培训出发，站在教师学习的现实立场，寻找影响教师有效学习的现实因素和促进教师学习的现实途径，并以此确定我们实践取向的教师学习研究体系。本丛书的四册作品便是这样一个思考的大体模样，也是这项课题研究的阶段性成果。

《教师学习论》。这是研究的总纲，立足于新时代教师学习的现实问题，我们要做如下三个方面的研究。

一是探寻新时代教师学习的内涵及变革。其一是明确教师学习研究的背景及概念内涵，从教师学习内容、方式和情境等方面探讨教师学习的核心议题，分析新技术赋能教师学习变革的发展趋势；其二是明确教师学习研究的理论基础，从教师个体、学校情境与制度情境等方面探讨教师学习的影响因素。

二是探寻现实中的教师学习要关注的核心问题。我们试图对三个方面的关键问题进行讨论：其一是教师学习共同体，我们的实践观察和问卷调查得出的结果显示，教师大多认为由同伴和专家构成的学习共同体是最受欢迎的学习途径，这样的共同体无论是在虚拟环境还是真实环境，都广受欢迎；其二是教师学习动机问题，这也是我们多年来始终想在培训中破解的核心问题；其三是教师学习转化，我们试图从核心概念、教师核心素养及学习迁移等方面做一些讨论，其目的是让教师的学习真正发生。

三是教师学习的现状与建议。针对教师的学习现状，我们从教师学习动力、学习投入、学习阻碍及影响因素等方面，既做了理论上的梳理，也进行了问卷调查。我们的调研取样覆盖了北京市各区及不同学段的教师，最后获得有效问卷1066份。教师学习的现状与分析就是在这个调查数据的基础上得出的，目的是想形成基于现状的改进建议，为教育高质量发展提供优质师资保障。

《特级教师的学习叙事》。特级教师是"师德的表率、育人的模范、教学的专家"。从这个荣誉称号诞生之日起，特级教师就始终是基础教育系统的领军人物，在教育教学中发挥着示范引领作用，在广大教师的成长中发挥着表率作用，同时也是社会关注的焦点。如何有效发挥他们的作用，多年来，学术界做过大量的研究，既有对其教育教学经验的总结，也有对其教育思想与教学特色的研究，形成了大量有益的成果。但如何从学习的角度深入挖掘他们的经验，并使之上升为理性的结论，甚至形成理论，我们并没有看到太多有影响力的研究。正是在这样的背景下，我们基于教师学习研究的基本设计，想针对特级教师这个群体，从其成长史出发，运用叙事研究的方法，通过访谈和相关文献的分析，希望能够找到每位特级教师的学习经验，并能够使其上升为具有理论价值的学习策略。为此，我们从北京市特级教师中选取了12位不同学科、不同学段的优秀特级教师，由课题组研究专家对他们进行深入的访谈与研究，运用叙事的写作方式，形成了具有个性化的学习案例。同时，我们还选取了2位特级教师进行了自我叙事分析，就其自己的学习历程和学习特色进行反思式总结。总体来讲，我们12+2的特级教师学习叙事研究基本围绕学习动力、学习投入、学习阻碍、学习需求及影响因素进行分析，但在不同个案的研究中，又充分尊重研究者的学科基础、生活背景和价值取向，希望每个分析都能既有共同遵循的原则，又有个性化的特点。我们希望这项研究能为更多教师的成长提供有价值的学习借鉴。

《大阅读学习路径与策略》。教师作为成人，其学习更有效的方式无疑是持续性的阅读。长期以来，人们在教师的读书学习方面做了大量的尝试与探索，形成了许多有益的成果。但随着信息化社会的到来，人们的阅读方式已经发生了很大变化，传统的文本阅读已经不是教师获取知识、提升技能的唯一途径，并且正如我们前面已经谈到的基于信念、道德与智慧的灵魂系统的建构，单靠传统的阅读方式也远远不能满足教师成长的要求。正是在这个意义上，我们借鉴文学评论的泛文本概念，立足于中国传统的"读万卷书，行万里路"的观念，运用具身学习的思路，提出了教师学习的广义阅读或大阅读观。

首先，我们认为从教师综合素养提升的角度来看，阅读应该是一个眼、耳、鼻、舌、身多官能综合运用的过程，且在这个过程中，需要有感知、有理解、有体验、有思考，更需要有行动。正因此，如果从阅读的主客体来看，教师作为阅读者是阅读的主体，文本则是阅读的客体，并且这个客体应该有多种存在形态，它既可能是传统的文本，包括纸质文本与电子文本；也可能是人、社会事件、艺术作品等。由此，我们从教师职业的角度出发，确定了与其教育教学工作息息相关的"文本"作为阅读的客体或对象，具体包括七大"文本"，分别是学生、课例、名师、名著、时事、艺术和教育数字化。

其次，从大阅读的实践操作来看，我们确定了两个层面的分析路径。其一，内部结构路径，重点从符号、结构、意义三个层面进行分析；其二，外部结构路径，重点从作者、背景、读者三个方面进行分析。这是一个总体的分析路径，但我们并不要求研究者套公式般地分析，而应该充分体现不同"文本"的特点、研究者的专业取向和相应的话语体系要求。我们希望能够给一线教师提供"大阅读"所必需的基本认识和必要的操作策略。

《构建教师智慧学习新生态》。近年来，混合式学习、人工智能赋能学习已经成为一种新潮流，因此，研究教师学习，就必须研究混合式学习。这既是一种新时代有效的学习途径，更是一种全面的学习生态转变。由此，我们将教师的混合式学习定义为教师学习的新生态，试图从学习生态建构的角度来解读混合式学习。这个部分的研究，我们从四个方面进行：第一是政策分析，重点针对"十三五"以来国家在混合式学习方面的政策推动进行探讨；第二是学习理论分析，重点针对现有学习理论和成人学习理论，分析学习理论研究的生态取向；第三是混合式学习的基本形态研究，从历史演进的视角，看混合式学习发展的过程及未来走向，特别就当前流行的虚拟现实与增强现实场景下的学习变革做必要的梳理探讨；第四是教师开展混合式学习的现状研究，主要针对当前基础教育教师开展混合式学习的情况进行问卷调研和访谈，以了解教师开展混合式学习的需求、存在的困难以及典型特征。我们希望通过这样一些探讨来研究混合式学习所带来的教师学习生态的变革。近两年来，人工智能，特别是生成式人工智能蓬勃发展，教师在人工智能背景下的学习已经发生了许多变化。我们的这项研究形成于两年前，虽稍有滞后，但对教师学习仍有重要的现实意义。

本课题是北京教育学院针对干部教师培训主业，从提升培训效果入手，抓住教师学习这个根本性问题而确立的重大攻关性课题。我们在课题研究过程中想努力达成如下几个目标。

一是理想与现实的结合。我们做这项研究并未按照一项任务去完成，而是作为一个理想去追求。这个理想不是什么宏大的愿景，只是立足于现实的两个简单的追求：其一是希望能够为我们心中所描绘的那个教师形象铺就一条成长之路，本丛书就是在探寻这条路；其二是希望能够让所有参加课题研究的教师都能在这项研究中找到自己的专业结合点，这也是我们长期以来的价值追求，我们的目标不是集中一批教师完成一项组织或领导安排的任务，而是要让每个成员都能找到最佳的专业切入点，进而促进其自身的专业成长。

二是理论与实践的结合。我们在研究中梳理了相关的主要理论，也在努力构建我们自己的一个理论框架，但我们并没有为理论而理论，而是为实践而理论。正因此，我们在理论选取与理性思考中，始终考量实践的要求，把握实践的路径。比如，在教师学习的理论问题上，我们对国内外研究做了必要的梳理，但在核心内容上，我们没有做系统构建，而是着重考虑了教师培训中需要关注的一些关键问题，诸如教师学习动力、教师的学习转化、教师学习共同体等。还有，在特级教师的学习叙事研究中，我们也没有完全按照叙事研究的格式去套用每个步骤，而是充分发挥了叙事研究的独特性和生成性特点，追求理论为实践服务，并通过实践来优化理论。

三是研究与培训的结合。研训一体是我们的工作范式，也是我们的研究范式。因此，我们在课题研究中注重学术的规范性，更注重培训的有效性。这样的价值追求也与我们对教师培训的理解直接相关，近年来，我们始终在推动培训目标的转变，提出要把培训的核心目标从知识的更新与技能的提升转向促进教师自主学习的动力与行动。这样的认识，既是时代发展的要求，也是我们多年来对教师培训不断反思的结果。正是在这个意义上，我们希望这项研究能为进一步推动培训变革、提高培训效能提供一些支持。

四是继承与创新的结合。学习问题是一个古老的研究选题，从经典学习理论到现代学习科学的研究，已经取得了许多极具影响力的研究成果。近几十年来，从成人学习到教师学习的研究也取得了引人注目的成果。因此，我们的研究首先是学习与继承，需要对已有研究成果做个必要的综述，为我们继续前行奠定基础。但我们的最终目标是通过理论创新更好地解决现实问题。正因此，我们在四个子课题的研究中都建立了自己的基本立场，并围绕这样的基本立场做了必要的理性建构，期待能为广大中小学教师的高效学习提供理论借鉴与实践支持。在此，我们有必要对四个子课题的基本立场再做一次明确的表述：教师学习子课题，我们重点解决教师学习最关心的三大核心问题，即学习动力、学习投入和学习共同体；特级教师学习叙事子课题，我们试图为广大教师提供优秀教师终身成长的学习秘诀；教师大阅读子课题，我们拓宽了教师阅读的意义，提出了大阅读概念，期待能用一种学术的视角解读"读万卷书，行万里路"的学习价值；混合式学习子课题，我们立足于技术变革带来的社会生活方式的变化，提出了建构教师学习新生态的思路，希望能够超越方法去看这个重大的时代命题。

　　课题研究历时四年，课题组全体成员付出了艰辛的努力，其中既有创新的喜悦、思想交流交锋的畅快，也有一些核心问题难以破解的苦恼，以及研究与繁忙的工作相冲突带来的困窘，但无论遇到什么样的困难，大家都没有退缩，始终保持着积极的研究状态，贡献着自己的努力与智慧。无疑，每一位成员都值得我们深深地尊敬！课题研究得到了学院领导、科研处同志和广大教职工的大力支持与帮助，得到了院内外专家的关心与指导，在此，一并致谢！本丛书的出版得到了北京师范大学出版集团领导的关注与支持。值此出版之际，还要特别感谢策划编辑郭翔老师，他极具慧眼，在课题研究过程中就提出了成果出版的建议，并提供了持续性的支持。

汤丰林

2023 年 10 月

前 言

Foreword

　　党的十八大以来，习近平总书记多次发表关于教育的重要讲话，强调了教师队伍建设对于民族复兴、国家富强的重要意义。"立德树人"明确了教师队伍建设的根本任务，"为党育人、为国育才"指出了教师队伍建设的初心与使命，"四有"好老师、"四个引路人"为教师队伍建设找准了方向，"培养什么人""如何培养人""为谁培养人"的时代之问更成为新时代教师队伍建设的重要依据。2018年以来，国家先后出台了《中共中央国务院关于全面深化新时代教师队伍建设改革的意见》《教师教育振兴行动计划（2018—2022年）》《教育部关于实施卓越教师培养计划2.0的意见》《新时代中小学教师职业行为十项准则》《关于加强和改进新时代师德师风建设的意见》《教育部等六部门关于加强新时代乡村教师队伍建设的意见》等近20份重磅文件。2018年全国教育大会将教师队伍建设提升到国家战略层面。2019年中共中央、国务院印发的《中国教育现代化2035》更是明确提出建设高素质专业化创新型教师队伍是加快教育现代化的关键。党的十九届五中全会明确了建设高质量教育体系的政策导向，提出建设高质量教育体系必须打造一支高质量教师队伍。在国家对教师队伍建设提出高要求的背景下，教师学习迎来新的发展机遇，以多时空、多形态的方式存在，也呈现出很多新的问题与特征。我们认为，在这个特定的历史阶段，极有必要从时代背景、政策视角、理论视角、现实样态聚焦教师学习，认清教师进行混合式学习的特征、促进机制，以对未来的教师学习进行预测、描绘；认清教师混合式学习生态系统的概况和个体学习策略，有组织的教师混合式学习的设计依据、核心结构和设计流程、设计要素。

本书第一章主要从政策视角出发，基于对教师学习内涵的认识，对进入新时代以来与教师学习相关的政策进行了梳理，明确了国家政策导向下教师学习面临的机遇与挑战。此外，对技术变革带来学习方式的深层次改变、为教师学习带来的机遇与挑战进行了阐析，并进一步探索了开展教师混合式学习的对策性建议与构想。

第二章主要从理论研究视角来看教师学习，尤其是要说明为什么本书要以生态学视角认识教师学习。近年来关于中外教师学习的研究进展表明，教师的学习经历了由教师培训到教师学习的演变之路，这本身就体现了生态系统生命的自组织性。伴随信息技术的发展及其无缝融入教师学习的全过程，教师学习越来越呈现出系统性、联系性和动态性等生态学特征。这也决定了只有用生态学的视角才能更系统、全面地认识影响教师学习的诸多要素，并系统改进影响教师学习的诸多要素，营造未来教师学习新样态。

第三章主要从历史演进、现实样态及未来发展的视角，对混合式学习的发展历程，教师混合式学习的现状、特征及促进机制和未来发展进行了梳理。从历史演进的视角，本章梳理了各种形态的混合式学习方式。进入新时代，为了能够反映社会发展、技术变革给教师混合式学习带来的改变，本章从问卷调研、访谈及文献分析的角度分析了教师混合式学习的现状、特征及促进机制。在未来展望中，本章进一步分析了教师混合式学习未来样态中的核心要素：数字素养是教师有效开展混合式学习的关键，大数据、区块链、虚拟现实、人工智能等新一代信息技术是实现学习生态重塑的有效手段。

第四章则以生态学视角切入，主要阐述了教师混合式学习生态系统的概况和个体学习策略，分析了如何设计有组织的教师混合式学习。本章在对生态环境、生态主体、生态"给养"、生态系统结构分析的基础上,构建了教师混合式学习生态系统,并分析了该系统在运行、认知、伦理、情感四个方面的特征。在此基础上,本章对有组织的教师混合式学习从设计依据、核心结构和设计流程、设计要素三个方面进行了阐述。最后针对教师自身如何适应教师混合式学习生态系统,本章给出了自我导向策略、信息选择策略、知识整合策略、思维发展策略、关系重构策略、资源管理策略的具体的个体学习策略。

目 录
Contents

引　言

与教师学习相关的名词众多，常见的有"教师培训""教师教育""教师专业发展""教师进修""教师继续教育""教师专业化""教师发展"等。现通过对教师学习及相关名词概念的内涵及其相互联系做简要分析，以期对本书所指"教师学习"概念形成较为清晰的认识。

1977年，教育部下发了《关于加强中小学在职教师培训工作的意见》，这是我国最早使用"教师培训"名称的文件。① 其后，中央和地方关于教育的相关文件，使用"教师培训"一词的频率越来越高。

一般来说，培训是一种有目的、有计划培养人的教育活动。当"教师教育"取代传统"师范教育"来定义21世纪教师职前培养与职后培训的时候，我们也开始用"教师教育"来取代"教师培训"这个概念了。② 但当我们把教师作为一种职业来看的时候，从教师职业发展的角度，我们又常常把"教师教育"和"教师培训"区别开来。一般地，教师教育是一个人为从事教师职业而接受的准备性教育活动，属于潜在教师的职前教育范畴；而教师培训发生在一个人从事教师职业之后，属于职后教育的范畴。进一步，当我们将教师上升为一门专业来看待时，则在某种程度上消除了教师职前教育与职后教育的界限，它们被统称为教师专业发展。

实际上，在新中国成立初期，关于教师的职后教育，我国的政策文件多把教师培训称为"教师进修"，也有叫"在职学习"的，如1951年教育部印发的《加强中小学教师在职学习的指示》等文件。受条件限制，当时的教师进修就是教师的不脱产培训，更多是集中学习和教师个人自学。

随着终身教育理念兴起，教师培训又被称为"教师继续教育"。1990年，国家教育委员会召开全国中小学教师继续教育工作座谈会，开始把教师培训的重点由学历补偿教育转到合格学历教师的继续教育轨道上来。1998年，我国发布了《面向21世纪教育振兴行动计划》，之后启动了"中小学教师继续教育工程"，要求对中小学校长和教师进行全员培训，由此我国教师培训开始进入普及性的继续教育阶段。

总起来看，不论是"教师进修"还是"教师继续教育"，它们往往都是基于教师

---

① 参见金礼久：《改革开放以来农村教师培训政策研究——以江苏为例》，博士学位论文，南京师范大学，2017。

② 参见朱小蔓、笪佐领主编：《新世纪教师教育的专业化走向》，289页，南京，南京师范大学出版社，2003。

培训内涵的，作为职后教育的范畴在某种程度上与作为职前教育范畴的"教师教育"是相对的概念。考量"十三五"期间乃至以后的教育相关政策，"培训"抑或"教师培训"的字眼是使用最为频繁的，只有在谈及师范教育（或教师职前教育）时，才可能提到"教师教育"一词。此外，在上述政策文本中，只有在谈及教师专业素养提升时，才可能提到"教师专业发展"的概念。

随着终身学习概念的出现，"教师学习"逐渐成为国内外教师教育研究领域的热点主题。目前人们对"教师学习"的概念并没有一个统一的定义。

20 世纪 90 年代后期以来，"教师学习"开始作为独立的主题词在文献中频繁出现，主要是指教师在一定努力或外部干预下自身专业知识、能力的生长变化。① 国外学者对"教师学习"这一概念的界定不同，主要有以下观点：第一种观点认为教师学习是一种获得知识技能的过程；第二种观点把教师学习看作一种基于学校情景的参与实践的活动；第三种观点认为教师学习是一个持续的统一体；第四种观点认为教师学习是基于成人学习特点的综合性发展活动。② 国内学者通过对教师学习形式和内涵的研究，从不同角度出发对"教师学习"有不同的理解。从经验和知识角度出发，有学者认为教师学习是对个人经验和知识的积累和更新过程。③ 从生长角度出发，有学者认为教师学习是专业发展的一个过程，是教师可持续发展的基础和前提。④ 从学习文化观角度出发，有学者认为教师学习意味着教师群体中学习文化的构建和发展。从多元的角度出发，有学者将教师学习的内涵看作多元的，即从学习过程来看，教师学习是建构性的学习；从学习方式来看，教师学习是参与式的学习；从学习结果来看，教师学习是理解性的学习。⑤

综上，国内外相关学者从不同的视角对"教师学习"概念进行了阐释。基于我国教育教学实践，本书切换了一个视角，从教师培训出发，站在教师学习的现实立场，寻找影响教师有效学习的现实因素和促进教师学习的现实途径，并以此确定本

---

① 参见刘学惠、申继亮：《教师学习的分析维度与研究现状》，载《全球教育展望》，2006(8)。

② Mary M. Kennedy, "How We Learn about Teacher Learning," *Review of Research in Education*, 2019(1), pp. 138-162; E. Kostiainen, T. Ukskoski & M. Ruohotie-Lyhty, etc., "Meaningful Learning in Teacher Education," *Teaching and Teacher Education*, 2018(71), pp. 66-77.

③ 参见孙福海：《关于教师学习的理论与调查研究》，硕士学位论文，华南师范大学，2005。

④ 参见张敏：《教师学习的理论与实证研究》，13~25 页，杭州，浙江大学出版社，2008。

⑤ 参见王丽华：《教师学习的内涵及对教师教育的启示》，载《浙江教育学院学报》，2007(3)。

书实践取向的教师学习研究体系。本书综合对教师学习及其与相关概念关系的认识，认为教师学习是基于职前专业教育（或教师教育）发展，通过参与职后教师培训、继续教育等项目或自主开展专业领域学习，不断丰富自身教育教学知识技能，从而全面提升自身教育教学专业素养的过程或状态，既包括教师职前的学习，也包括教师职后的学习。因此，在考察教师学习问题时，本书将教师培训、教师教育、教师专业发展、教师继续教育等均纳入教师学习的范畴，并将教师学习作为以上相关行为的基础、目的或效果来看待。

第一章
新时代教师学习的
机遇与挑战

第一节　政策机遇与现实挑战

2012 年党的第十八次全国代表大会的召开，标志着中国特色社会主义进入新时代。其间，以习近平总书记关于教育的重要论述特别是关于教师工作的重要指示精神为指导，党和国家对教师队伍建设高度重视，适时推出了一系列关于教师队伍建设的政策文件，教师教育、教师培训乃至教师学习等往往是其中必不可少的内容。本节将对进入新时代以来具有重大影响的相关政策进行梳理，以明确党和国家对教师学习的指导方针、宏观及具体要求，进而对新时代教师学习面临的政策机遇与现实挑战进行具体论述。

一、国家层面教师学习相关政策梳理

(一)党的十八大、十九大、二十大报告对教师学习做出全局性指导

党的十八大报告在"在改善民生和创新管理中加强社会建设"中提出，"努力办好人民满意的教育"，为此指出，"加强教师队伍建设，提高师德水平和业务能力，增强教师教书育人的荣誉感和责任感"。党的十九大报告在"提高保障和改善民生水平，加强和创新社会治理"中提出，"优先发展教育事业"，为此指出，"加强师德师风建设，培养高素质教师队伍，倡导全社会尊师重教"。党的二十大报告在"实施科教兴国战略，强化现代化建设人才支撑"中提出，"办好人民满意的教育"，为此指出，"加强师德师风建设，培养高素质教师队伍，弘扬尊师重教社会风尚"。由此可知，党和国家持续高度重视教师队伍建设，为教师学习指明了总的方向。特别地，党的二十大报告首次将科技、教育、人才放在第五部分进行统筹部署，强调"坚持教育优先发展""加快建设教育强国""推进教育数字化，建设全民终身学习的学习型社会、学习型大国"，无形中将教师队伍建设、教师学习放在了更为突出的位置，其中"推进教育数字化"的提出，更是为教师学习提出了新要求，使教师持

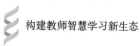

续开展混合式学习成为应有之义。

(二)国家中长期教育发展规划对教师学习做统揽性布局

国家中长期教育发展相关规划主要包括《国家中长期教育改革和发展规划纲要（2010—2020 年）》《国家教育事业发展"十三五"规划》《中国教育现代化 2035》以及面向"十四五"期间的相关规划等，这些文件均对教师队伍建设做出了相关政策性规定。

《国家中长期教育改革和发展规划纲要（2010—2020 年）》指出，要"完善培养培训体系，做好培养培训规划，优化队伍结构，提高教师专业水平和教学能力。通过研修培训、学术交流、项目资助等方式，培养教育教学骨干、'双师型'教师、学术带头人和校长，造就一批教学名师和学科领军人才"。《国家教育事业发展"十三五"规划》秉承上述规划纲要精神，提出"加强师德师风建设""提升教师能力素质""吸引一流人才从教""优化教师资源配置""完善教师管理制度"五方面措施，并提出相应系列具体举措。其中，明确提出，"建立培训学分与教师管理结合机制，构建教师校长培训学分银行，加强教师校长网络研修社区建设"。该措施的提出，具有明显的创新意义，着重以学分制度充分调动教师学习的积极、主动性，以学分银行扩展教师学习内容的广度与学习形式的多样性，以网络研修社区建设为教师开展混合式学习奠定坚实的物质与环境基础。

《中国教育现代化 2035》提出"建设高素质专业化创新型教师队伍"，指出要"培养高素质教师队伍，健全以师范院校为主体、高水平非师范院校参与、优质中小学（幼儿园）为实践基地的开放、协同、联动的中国特色教师教育体系。强化职前教师培养和职后教师发展的有机衔接。夯实教师专业发展体系，推动教师终身学习和专业自主发展"。《中国教育现代化 2035》"开放、协同、联动的中国特色教师教育体系"与"推动教师终身学习和专业自主发展"的提出，为教师学习提供了坚强的政策支持，并为通过教师混合式学习凸显"中国特色教师教育体系"埋下了伏笔。《加快推进教育现代化实施方案（2018—2022 年）》则明确提出，"实施人工智能助推教师队伍建设行动"，在某种意义上开启了教师开展线上线下混合式学习的大门。

《中华人民共和国国民经济和社会发展第十四个五年规划和 2035 年远景目标纲要》提出"建立高水平现代教师教育体系，加强师德师风建设，完善教师管理和发展政策体系，提升教师教书育人能力素质"，并指出，"发挥在线教育优势，完善终身学习体系，建设学习型社会"。这为"十四五"时期乃至长远时期教师开展混合式学习提供了政策指导。

（三）教育信息化建设规划与计划中凸显教师信息技能与数字素养

信息技术在教育教学中日益深入的应用，日益深刻推动着教育教学的形式与内容的变革。党和国家对此高度重视，适时推出了一系列教育信息化建设相关规划与计划，其中蕴含着丰富的关于教师学习的内容，现重点梳理如下。

《国家中长期教育改革和发展规划纲要（2010—2020年）》就明确指出，"信息技术对教育发展具有革命性影响，必须予以高度重视"，要"提高教师应用信息技术水平，更新教学观念，改进教学方法，提高教学效果"，这为教师开展信息技术学习提出了政策要求。承接上述指导精神，《教育信息化十年发展规划（2011—2020年）》提出要"造就业务精湛、结构合理的教育信息化师资队伍、专业队伍、管理队伍，为教育信息化提供人才支持"。为"提高教师应用信息技术水平"，《教育信息化十年发展规划（2011—2020年）》明确指出，要"加快全国教师教育网络联盟公共服务平台的建设，积极开展教师职前、职后相衔接的远程教育与培训"，这实际上指明了开展教师线上线下混合式学习的必要性及具体举措。

2016年6月教育部印发的《教育信息化"十三五"规划》指出，"面向未来培养高素质人才，教师能力是关键"，"将教师信息技术应用能力纳入教师培训必修学时（学分）"，"增强教师在信息化环境下创新教育教学的能力，使信息化教学真正成为教师教学活动的常态"。《教育信息化"十三五"规划》还明确提出，"发展在线教育与远程教育，推动各类优质教育资源开放共享，向全社会提供服务"，"鼓励教师应用网络学习空间开展备课授课、家校互动、网络研修、指导学生学习等活动"。由此可见，通过在线教育与远程教育，开展以网络研修为鲜明特征的教师混合式学习已经呼之欲出了。

随后，《教育信息化2.0行动计划》提出"继续开展职业院校和中小学校长、骨干教师的'网络学习空间人人通'专项培训"，强调"大力提升教师信息素养"，要启动"人工智能+教师队伍建设行动"，以促使教师混合式学习实现从依托网络到充分利用人工智能的提升，拓宽人工智能支持教师治理、教师教育、教育教学等的新路径，推动教师更新观念、重塑角色、提升素养、增强能力。为推进《教育信息化2.0行动计划》落实，《教育部关于实施全国中小学教师信息技术应用能力提升工程2.0的意见》提出，通过示范项目带动各地开展教师信息技术应用能力培训，基本实现校长信息化领导力、教师信息化教学能力、培训团队信息化指导能力"三提升"和全面促进信息技术与教育教学融合创新发展的目标；充分利用互联网、大数据、人工智能等新技术成果助推教师专业发展。《教育部等十一部门关于促进在线教育健康发展的指导意见》则明确提出，"推动线上线下教育融通"，"优化结构，统筹利用现有资源，通过'网络学习空间人人通'专项培训，到2022年，培训10000名中小学校长、20000名中小学教师、3000名职业院校校长、6000名职业院校教师，实现信息化教与学应用覆盖全体师生"，为通过开展教师线上线下混合式学习提升教师能力素养提出了具体要求。

为深入贯彻落实习近平总书记关于网络强国的重要思想，实施全民数字素养与技能提升行动，《提升全民数字素养与技能行动纲要》颁布实施。该纲要提出，要"开展教师数字技术应用能力培训，提高教师运用数字技术改进教育教学的意识和能力，增强中小学、职业院校和普通高校专业教师的教学能力，持续壮大高水平数字技能师资力量"，"搭建国家级数字技能终身教育服务平台，设计符合相关标准的课程体系和配套学习资源与服务，贯通培训、学习、体验、考核、学习成果认定、学分互换等环节，为全民终身数字学习体系的建设提供可信可靠的'补给站'和四通八达的'立交桥'"。该纲要提出了教师数字素养能力提升的要求，也明确了开展教师线上线下混合式学习的方式及相应支持措施。

(四)教师发展(培训)相关政策指向教师混合式学习

进入新时代，党和国家对教师队伍建设予以高度的重视，先后推出了一系列专门针对教师队伍建设的政策文件。其中《中共中央 国务院关于全面深化新时代教师队伍建设改革的意见》，于2018年1月20日印发，是新中国成立以来，国家出台的第一个专门面向教师队伍建设的里程碑式的政策文件，描绘了新时代教师队伍建设的宏伟蓝图，吹响了推进教师队伍建设改革的集结号。

早在2015年，国务院办公厅即推出《乡村教师支持计划(2015—2020年)》，为"全面提升乡村教师能力素质"提出系列举措。其中指出，"全面提升乡村教师信息技术应用能力，积极利用远程教学、数字化课程等信息技术手段，破解乡村优质教学资源不足的难题，同时建立支持学校、教师使用相关设备的激励机制并提供必要的保障经费"，"按照乡村教师的实际需求改进培训方式，采取顶岗置换、网络研修、送教下乡、专家指导、校本研修等多种形式，增强培训的针对性和实效性"。可见，当时就已经鼓励并着手尝试通过网络研修形式开展教师混合式学习。随后，《教育部关于大力推行中小学教师培训学分管理的指导意见》提出，"推行教师培训学分管理，深化培训管理改革"，"推进教师培训学分信息化管理，提升培训管理效率"；《教育部关于全面推进教师管理信息化的意见》则指出，"依托教师系统及相关教育管理服务平台，推进教师培训选学，为教师创造选择培训内容、资源、途径和机构的机会，满足教师个性化发展需求"。以上文件为教师开展混合式学习逐步奠定了制度与平台技术基础。

《中共中央　国务院关于全面深化新时代教师队伍建设改革的意见》从党中央、国务院专门发文的高度对全面深化新时代教师队伍建设改革做出政策性安排，无疑是新时代教师队伍建设的统领性文件。该文件指出，"经过 5 年左右努力，教师培养培训体系基本健全"，"到 2035 年，教师综合素质、专业化水平和创新能力大幅提升，培养造就数以百万计的骨干教师、数以十万计的卓越教师、数以万计的教育家型教师"。该文件第三部分明确提出"大力振兴教师教育，不断提升教师专业素质能力"，并提出"加大对师范院校支持力度""支持高水平综合大学开展教师教育""全面提高中小学教师质量，建设一支高素质专业化的教师队伍""全面提高幼儿园教师质量，建设一支高素质善保教的教师队伍""全面提高职业院校教师质量，建设一支高素质双师型的教师队伍""全面提高高等学校教师质量，建设一支高素质创新型的教师队伍"六大举措，并对每方面举措提出系列创新性安排。

关于"全面提高中小学教师质量，建设一支高素质专业化的教师队伍"，《中共中央　国务院关于全面深化新时代教师队伍建设改革的意见》提出"提高教师培养层次，提升教师培养质量。推进教师培养供给侧结构性改革，为义务教育学校侧重培养素质全面、业务见长的本科层次教师，为高中阶段教育学校侧重培养专业突出、底蕴深厚的研究生层次教师。大力推动研究生层次教师培养，增加教育硕士招生计划，向中西部地区和农村地区倾斜。根据基础教育改革发展需要，以实践为导向优化教师教育课程体系，强化'钢笔字、毛笔字、粉笔字和普通话'等教学基本功和教学技能训练，师范生教育实践不少于半年。加强紧缺薄弱学科教师、特殊教育教师和民族地区双语教师培养。开展中小学教师全员培训，促进教师终身学习和专业发展。转变培训方式，推动信息技术与教师培训的有机融合，实行线上线下相结合的混合式研修。改进培训内容，紧密结合教育教学一线实际，组织高质量培训，使教师静心钻研教学，切实提升教学水平。推行培训自主选学，实行培训学分管理，建立培训学分银行，搭建教师培训与学历教育衔接的'立交桥'。建立健全地方教师发展机构和专业培训者队伍，依托现有资源，结合各地实际，逐步推进县级教师发展机构建设与改革，实现培训、教研、电教、科研部门有机整合。继续实施教师国培计划。鼓励教师海外研修访学"。同时，《中共中央 国务院关于全面深化新时代教师队伍建设改革的意见》还针对干部教师队伍建设提出"加强中小学校长队伍建设，努力造就一支政治过硬、品德高尚、业务精湛、治校有方的校长队伍。面向全体中小学校长，加大培训力度，提升校长办学治校能力，打造高品质学校。实施校长国培计划，重点开展乡村中小学骨干校长培训和名校长研修。支持教师和校长大胆探索，创新教育思想、教育模式、教育方法，形成教学特色和办学风格，营造教育家脱颖而出的制度环境"。

综上所述，《中共中央 国务院关于全面深化新时代教师队伍建设改革的意见》已明确提出"转变培训方式，推动信息技术与教师培训的有机融合，实行线上线下相结合的混合式研修"，实际上是以最高权威的文件肯定和明确教师开展混合式学习的方向和路径；同时，其他相关举措，如"推行培训自主选学，实行培训学分管理，建立培训学分银行，搭建教师培训与学历教育衔接的'立交桥'"，则与之相呼应，成为教师开展混合式学习的有机组成部分。总之，《中共中央 国务院关于全面深化新时代教师队伍建设改革的意见》是新时代教师队伍建设总的指导方针，渗透着丰富的改革与创新元素，为教师混合式学习指明了方向和路径，同时也为传统教师教育带来变革性挑战。

随后，教育部等五部门印发的《教师教育振兴行动计划（2018—2022 年）》旨在采取切实措施建强做优教师教育，推动教师教育改革发展，全面提升教师素质能力，努力建设一支高素质、专业化、创新型教师队伍。为实现教师教育振兴发展的目标任务，《教师教育振兴行动计划（2018—2022 年）》将主要措施明确为十大行动，明确提出开展"互联网+教师教育"创新行动，"充分利用云计算、大数据、虚拟现实、人工智能等新技术，推进教师教育信息化教学服务平台建设和应用，推动以自主、合作、探究为主要特征的教学方式变革。启动实施教师教育在线开放课程建设计划，遴选认定 200 门教师教育国家精品在线开放课程，推动在线开放课程广泛应用共享。实施新一周期中小学教师信息技术应用能力提升工程，引领带动中小学教师校长将现代信息技术有效运用于教育教学和学校管理。研究制定师范生信息技术应用能力标准，提高师范生信息素养和信息化教学能力。依托全国教师管理信息系统，加强在职教师培训信息化管理，建设教师专业发展'学分银行'"。同时，《教师教育振兴行动计划(2018—2022 年)》还提出开展"教师教育改革实验区建设行动"，"发挥'国培计划'示范引领作用，加强教师培训需求诊断，优化培训内容，推动信息技术与教师培训的有机融合，实行线上线下相结合的混合式培训"。综上所述，《教师教育振兴行动计划(2018—2022 年)》提出提供推动教师在线学习的平台基础、资源基础与信息管理基础，以及职前信息素养基础和职后教师信息技术应用基础，并明确提出实行线上线下相结合的混合式培训，这使得教师开展线上线下混合式学习水到渠成。

继而，《教育部关于实施卓越教师培养计划 2.0 的意见》颁布实施。该意见提出"深化信息技术助推教育教学改革"，指出要"建设 200 门国家教师教育精品在线开放课程，推广翻转课堂、混合式教学等新型教学模式，形成线上教学与线下教学有机结合、深度融通的自主、合作、探究学习模式"。该措施的提出，可谓从政策视角实现了从开展教师线上线下相结合的混合式培训到引导教师开展线上线下有机结合的混合式学习的转变。

2019 年年末到 2020 年年初，突如其来的新冠疫情为我国教育教学的持续性开展带来严峻挑战。《中共教育部党组关于统筹做好教育系统新冠肺炎疫情防控和教育改革发展工作的通知》提出，"既要明确当前线上教学'教什么'和'怎么教'，又要不断探索开学后课堂教学与线上教育的有机结合"，"加强教师在线授课技术和方法培训，鼓励教师充分利用好教育部在线教学课程资源平台的优质课程资源，开展教学内容改革和教学模式与方法创新，并将在线教学、组织线上讨论、辅导答疑、作业批改等计入工作量，纳入绩效管理"。以上举措的提出，从教师开展线上教学的角度，倒逼教师开展在线授课技术和方法学习，在相当大的程度上推动了教师开展线上线下混合式学习的进程。紧接着，《教育部关于加强"三个课堂"应用的指导意见》提出要"组建网络研修共同体,以先进理念为引领,以学科教学为核心,以实际问题为导向,以新兴技术为支撑,推进'三个课堂'应用校本研修"。之后,《教育部等六部门关于加强新时代乡村教师队伍建设的意见》指出,"发挥5G、人工智能等新技术助推作用","实施中小学教师信息技术应用能力提升工程2.0,建设教师智能研修平台,智能遴选、精准推送研修内容与资源,支持教师自主选学,为教师提供同步化、定制化、精准化的高质量培训研修服务,五年内对全国乡村教师轮训一遍"。这些文件都以具体举措,为教师线上线下混合式学习开展带来了深远的影响。

《新时代基础教育强师计划》的推出,则为造就新时代高素质、专业化、创新型中小学(含幼儿园、特殊教育,下同)教师队伍做出了统筹布局。该计划提出"推进教师队伍建设信息化","深入实施人工智能助推教师队伍建设试点行动,探索人工智能助推教师管理优化、教师教育改革、教育教学方法创新、教育精准帮扶的新路径和新模式,总结试点经验,提炼创新模式,逐步在全国推广使用,进一步挖掘和发挥教师在人工智能与教育融合中的作用"。同时,《新时代基础教育强师计划》指出,要"深化精准培训改革","优化培训内容、打造高水平课程资源,建立完善自主选学机制和精准帮扶机制,创新线上线下混合式研修模式,提升中小学教师的信息技术应用能力和科学素养"。该计划既为教师队伍信息化建设明确了要求,又明确指出要通过开展线上线下混合式研修(学习)全面提升中小学教师的信息技术应用能力和科学素养。

(五)教育数字化战略行动相关政策及其实践推进教师混合式学习

我国正在推进实施的教育数字化战略行动呈现出从实践到政策再到实践的循环优化提升的特点。在2022年全国教育工作会议(于2022年1月16—17日召开)上,教育部明确提出要"实施教育数字化战略行动"。2022年3月28日,国家智慧教育平台启动仪式举行。该平台聚焦学生学习、教师教学、学校治理、教育创新,致力打造中国最重要的教育公共服务产品。国家智慧教育平台专设"教师研修"频道,下设"师德师风""通识研修""学科研修""作文命题"等九大栏目,为教师开展以网络研修为特点的混合式学习提供了方便的平台与丰富的资源。2022年4月,新版义务教育课程方案及各学科课程标准正式颁布。《义务教育课程方案(2022年版)》

强调："发挥新技术的优势,探索线上线下深度融合,服务个性化学习。"同时,将信息科技与劳动课程独立出来,分别制定课程标准。在《义务教育信息科技课程标准(2022年版)》的"教学研究与教师培训"部分突出强调,"探索创新培训方式""充分发挥线上培训在丰富资源、促进交流、增强体验等方面的优势,实现线上培训与参与式培训、示范教学等线下培训形式的有机融合"。其他各科课程标准的"教学研究与教师培训"部分也均有充分利用在线学习资源,将先进信息技术与学科教师培训相结合,开展线上线下混合式研修的表述。由此可见,新版义务教育课程方案及各学科课程标准均已明确提出线上线下相结合、以多种形式开展教师混合式学习的要求。

在党的二十大关于"推进教育数字化,建设全民终身学习的学习型社会、学习型大国"精神的指导下,中华人民共和国教育行业标准《教师数字素养》于2022年11月30日发布实施,从数字化意识、数字技术知识与技能、数字化应用、数字社会责任、专业发展五个维度,对未来教师应具备的数字素养进行了描述。其中"专业发展"维度包括"数字化学习与研修"与"数字化教学研究与创新"两个方面,将"利用数字技术资源持续学习,利用数字技术资源支持反思与改进,以及参与或主持网络研修"作为教师数字素养的重要指标。由此可见,开展包含网络研修在内的混合式学习已经成为教师数字素养的重要组成部分。

2023年,教育数字化战略行动加速推进。2023年2月13—14日,世界数字教育大会在北京举办,有130多个国家和地区参加了大会,教育部在主论坛上发布了七项智慧教育平台标准规范。2023年全国教育数字化现场推进会议在武汉召开,会上,教育部宣布成立教育数字化专家咨询委员会,同时指出,国家智慧教育平台累计浏览量已达260亿次,访客量超19.2亿人次,访问用户覆盖了200多个国家和地区。2023年7月6日,教育部部长怀进鹏在国务院新闻办公室举行的系列主题新闻发布会上指出,在既有实践的基础上,将重点做好四个方面的工作:一是建设国家教育数字化大数据中心,二是强化大数据赋能教育教学,三是增强教育有效公共服务能力,四是加强数字教育国际化。

在推进教育数字化战略行动实践的同时,一系列相关重磅文件适时推出。据新华社北京2023年2月27日电,中共中央、国务院于近日印发了《数字中国建设整体布局规划》。该规划指出,"促进数字公共服务普惠化,大力实施国家教育数字化战略行动，完善国家智慧教育平台"。2023年6月13日，中共中央办公厅、国务院办公厅印发《关于构建优质均衡的基本公共教育服务体系的意见》。该意见强调"大力推进国家教育数字化战略行动""提高教师数字素养和信息技术应用能力"，提出"聚焦新课程、新教材、新方法、新技术，加大'国培计划'实施力度，推动省、市、县、学校开展校长教师全员培训，优化师范生培养方案和课程体系，开展人工智能助推教师队伍建设行动，全面提高校长办学治校能力和教师教育教学水平"。由此可见，上述规划和意见已将教育数字化纳入国家战略行动范畴，高度重视以人工智能为代表的先进信息技术在教师学习中的重要作用，开展教师信息化学习已成为实践之所需。承继以上规划和意见部署要求，《教育部 国家发展改革委 财政部关于实施新时代基础教育扩优提质行动计划的意见》于2023年7月26日发布实施。该文件提出新时代基础教育扩优提质八大行动，分别将"实施数字化战略行动，赋能高质量发展""实施高素质教师队伍建设行动，提高师资保障水平"作为其中的重大行动做出布局，提出"提升国家中小学智慧教育平台建设应用水平"，在"丰富平台优质资源"的同时"拓展应用功能"，"加大在智慧课堂、双师课堂、智慧作业、线上答疑、网络教研、个性化学习和过程性评价等方面融合应用"；"提升应用实效，强化师生应用培训，增强师生信息素养和实际应用能力"；强调"加强教研支撑引领，健全各级教研体系，推动各地各校常态化有效开展区域教研、网络教研、校本教研，强化基于教学实际问题和课例案例的研究"。由此可以明显看出，依托国家中小学智慧教育平台，开展双师课堂、网络研修等教师混合式学习已成为新时代基础教育扩优提质的重要行动内容。

二、教师学习面对的政策机遇

（一）高度重视带来历史机遇

纵观国家推出的与教育发展相关的每份政策文件，都高度重视教师队伍建设，并针对教师培训、教师教育及教师专业发展提出系列有效举措。进入"十三五"时期，国家对教师队伍建设越来越重视。《中共中央 国务院关于全面深化新时代教师队伍建设改革的意见》将国家对教师队伍建设的重视推向一个新高度，为教师学习带来历史机遇。譬如,《中共中央 国务院关于全面深化新时代教师队伍建设改革的意见》指出,"百年大计,教育为本;教育大计,教师为本","大力振兴教师教育,不断提升教师专业素质能力",在六方面做出战略布局,并分别提出有针对性的系列举措。在该意见的统领下,国家依次推出《教师教育振兴行动计划(2018—2022 年)》《教育部关于实施卓越教师培养计划 2.0 的意见》等专门促进教师学习的政策文件,尤其是《新时代基础教育强师计划》的推出,更是为教师学习做了充分的政策安排,为教师学习、教师发展带来历史机遇。

(二)高水平要求带来超越性发展空间

例如,《中共中央 国务院关于全面深化新时代教师队伍建设改革的意见》提出"经过 5 年左右努力,教师培养培训体系基本健全","到 2035 年,教师综合素质、专业化水平和创新能力大幅提升,培养造就数以百万计的骨干教师、数以十万计的卓越教师、数以万计的教育家型教师";《教师教育振兴行动计划(2018—2022 年)》提出"经过 5 年左右努力,办好一批高水平、有特色的教师教育院校和师范类专业,教师培养培训体系基本健全,为我国教师教育的长期可持续发展奠定坚实基础。师德教育显著加强,教师培养培训的内容方式不断优化,教师综合素质、专业化水平和创新能力显著提升,为发展更高质量更加公平的教育提供强有力的师资保障和人才支撑"。以上文件一脉相承,为教师学习提出了高目标,极大拓展了教师发展空间。

(三)大力支持提供坚强后盾

例如,《中共中央 国务院关于全面深化新时代教师队伍建设改革的意见》提出,一方面"强化组织保障","实行一把手负责制,紧扣广大教师最关心、最直接、最现实的重大问题,找准教师队伍建设的突破口和着力点","各省、自治区、直辖市党委常委会每年至少研究一次教师队伍建设工作";另一方面"强化经费保障","各级政府要将教师队伍建设作为教育投入重点予以优先保障,完善支出保障机制,确保党和国家关于教师队伍建设重大决策部署落实到位。优化经费投入结构,优先支持教师队伍建设最薄弱、最紧迫的领域,重点用于按规定提高教师待遇保障、提升教师专业素质能力"。以上两方面,可谓紧扣教师队伍建设的"牛鼻子"，为教师学习提供了最为坚强的发展后盾。

（四）信息技术发展赋能多样态教师学习

譬如，《中共中央　国务院关于全面深化新时代教师队伍建设改革的意见》明确提出"转变培训方式，推动信息技术与教师培训的有机融合，实行线上线下相结合的混合式研修"，给教师学习方式创新指明了方向。《教师教育振兴行动计划（2018—2022年）》则提出"注重协同育人，注重教学基本功训练和实践教学，注重课程内容不断更新，注重信息技术应用能力，教师教育新形态基本形成"；提出开展"互联网+教师教育"创新行动，"充分利用云计算、大数据、虚拟现实、人工智能等新技术，推进教师教育信息化教学服务平台建设和应用，推动以自主、合作、探究为主要特征的教学方式变革"；提出"发挥'国培计划'示范引领作用，加强教师培训需求诊断，优化培训内容，推动信息技术与教师培训的有机融合，实行线上线下相结合的混合式培训"。中共中央办公厅、国务院办公厅印发的《加快推进教育现代化实施方案（2018—2022年）》则提出"加快推进智慧教育创新发展，设立'智慧教育示范区'，开展国家虚拟仿真实验教学项目等建设，实施人工智能助推教师队伍建设行动"。《教育部　国家发展改革委　财政部关于实施新时代基础教育扩优提质行动计划的意见》将双师课堂、网络研修等教师混合式学习纳入新时代基础教育扩优提质的重要行动内容。以上系列举措促使信息技术赋能教师学习，为教师学习获得飞跃性发展创造了条件。

三、教师学习面对的现实挑战

（一）政策推动深层次变革带来的严峻挑战

譬如，《中共中央　国务院关于全面深化新时代教师队伍建设改革的意见》明确指出"教师主动适应信息化、人工智能等新技术变革，积极有效开展教育教学"，这无疑深刻揭示了新时代教师面临的重大挑战。中共中央、国务院印发的《中国教育现代化2035》则指出"加快信息化时代教育变革"，"推进教育治理方式变革，加快形成现代化的教育管理与监测体系，推进管理精准化和决策科学化"。党的二十大更是明确提出，"推进教育数字化，建设全民终身学习的学习型社会、学习型大国"。本研究开展的调研数据显示，有 28.57% 的教师完全认同自己的信息素养不能很好地支持自己进行混合式学习，有 31.65% 的教师表示在信息素养上存在的困难为中等程度。因此，由教育信息化引发的教育数字化，必然会推动教育形态的深层次变革与升级，无疑会对教师的信息素养提出更高的要求，从而为教师通过积极、主动的学习，紧跟乃至引领时代教育发展带来了严峻挑战。

（二）政策高水平要求带来的无形压力

《教育部关于实施卓越教师培养计划 2.0 的意见》承袭《中共中央　国务院关于全面深化新时代教师队伍建设改革的意见》的要求，提出"经过五年左右的努力，办好一批高水平、有特色的教师教育院校和师范专业，师德教育的针对性和实效性显著增强，课程体系和教学内容显著更新，以师范生为中心的教育教学新形态基本形成，实践教学质量显著提高，协同培养机制基本健全，教师教育师资队伍明显优化，教师教育质量文化基本建立。到 2035 年，师范生的综合素质、专业化水平和创新能力显著提升，为培养造就数以百万计的骨干教师、数以十万计的卓越教师、数以万计的教育家型教师奠定坚实基础"。《关于加强和改进新时代师德师风建设的意见》则提出"经过 5 年左右努力，基本建立起完备的师德师风建设制度体系和有效的师德师风建设长效机制"。可见，无论是对师德修养，还是对教师知识能力发展、教育教学效果达成，国家都提出了高水平要求，这给教师学习带来了无形的压力。

（三）教育数字化变革导向带来的时代挑战

党的二十大报告明确提出"推进教育数字化"，中共中央、国务院印发的《数字中国建设整体布局规划》等文件已将教育数字化纳入国家战略行动范畴。由此，教育数字化转型成为新时代教育发展的主旋律。人工智能、虚拟现实、大数据等新兴技术的教育融合应用，是教育数字化的典型特征，促使教育生态的智能化升级、数字化转型、系统性变革，由此为教师学习带来系统性挑战。教育数字化变革使教师的专业理念、专业知识、专业能力、专业情意等方面均面临挑战，使教师需要从教育观念理念、技术认知应用、创新教学能力、数据应用能力、职业定位等方面发生转变。这就需要通过启动形式各样的教师培训与教师学习，解决教师专业发展意识不足、发展机会不平等、发展需求难以满足、发展成果难以落地等方面的难题，从新空间、新模式、新要素、新制度、新理念等方面探索教师学习与教师专业发展之途。

第二节　技术变革与教师学习：赋能、困境与应对

技术变革推动时代更迭，大数据、云计算、区块链、虚拟现实、人工智能等新技术的研发与普及标志着我们从网络时代迈向了智能时代。智能时代是以信息为引擎、数字为驱动、技术为抓手，引领社会形态加速变迁的新时代。智能时代给教师学习既带来了机遇，也带来了挑战。本节将在对智能时代带来学习方式转变进行分析的基础上，对智能时代给教师学习带来的机遇与挑战做出相应分析。

一、智能时代带来学习方式的深层次变革

智能技术广泛应用于教育领域成为当下教育发展的新常态，彻底重塑了教育生态，改变了学习形态。在智能时代，学习形态的变化不是浅层的、形式的，而是系统的、实质性的转型，其中的学习方式也随之发生巨变。智能时代的技术、媒介、平台都将成为学习方式变革的载体，促进着新型学习方式的生成。①

（一）智能时代教育生态得以重塑

智能时代的到来掀起了一场程度深、范围广、持续性强的教育革命，构建了教育新形态和新格局，打造了全新的教育图景。"智能时代中的教育是一个较为复杂的、更加敏捷的生态系统。"②随着智能技术广泛应用于教育系统的各个要素，智能

---

① 参见岳伟、苏灵敏：《学会学习：智能时代学习方式变革的本质透视》，载《广西师范大学学报（哲学社会科学版）》，2023(4)。

② 王晓彤：《智能时代的教育原点回归》，载《教育理论与实践》，2022(16)。

技术逐渐打破了传统教育系统的生态平衡，智能时代的教育利用技术优势重塑了教育生态，形成了人机共生、虚实交融、智慧互联的教育新生态。智能社会的教育生态系统涉及多维度的变化，主要涉及教育目的、教育空间、教育主体、教育内容，以及教育评价等领域。无论处于何种时代，培养什么样的人都是需要优先明确的教育问题。智能技术使社会分工发生了变革，教育目的也从原来培养工业化的劳动力改变为培养现代化的劳动力，培养适合于智能时代的各类人员，"特别是大量基础性的数字化的劳动者、创造性的研发者、生物圈的管理者和优秀的服务者"[①]。智能技术融入教育空间，使智能时代的教育空间呈现立体多样、虚实结合的特点。传统的教育空间局限于学校、课堂等实体空间，而受到智能技术影响的教育空间范围扩大，出现了"云端一体化的教育云空间""虚拟教育空间""移动学习空间""智慧教室"[②]等多种教育空间样态。智能时代的教育主体为适应教育空间和环境的变化也发生了由外而内的变革，即教育主体要掌握智能技术运用的方法，具备驾驭技术的高阶思维能力。这样就构建了人机交互的教育关系。智能技术的应用使"线上无边界的学习资源以超链接的方式进入学校知识体系之中"[③]，使教育内容走向丰富化、开放化、网络化、链接化。此外，智能技术赋能教育评价，建立了数据驱动的智能化、精准化的教育评价体系。

(二)智能技术推动学习形态改变

智能技术不仅是重塑教育环境的核心，而且是改变学习形态的推手。"以智慧(Intelligence)、互联(Internet)为理念，基于智联网等智能技术重塑师生、技术、环境等关系，打通了空间、时间、知识之间的壁垒"[④]，催生了多样化、泛在化、个性化、智能化的学习形态。智能技术的触角深度介入学习内容、学习环境和学习资源等多方面，形成了新的学习形态。其一，就学习内容而言，随着人工智能技术与

[①]　周洪宇、鲍成中：《扑面而来的第三次教育革命》，载《中国教育报》，2014-05-02。

[②]　余新国、夏菁：《智能技术变革教育的途径和机理》，载《华中师范大学学报（人文社会科学版）》，2022(2)。

[③]　张良、关素芳：《为理解而学：人工智能时代的知识学习》，载《湖南师范大学教育科学学报》，2021(1)。

[④]　杨俊锋、施高俊、庄榕霞等：《5G+智慧教育：基于智能技术的教育变革》，载《中国电化教育》，2021(4)。

教育融合不断深入，智能时代的知识表现为"更高效的知识生产方式、更软化的知识形态和更灵活的知识传播环境"①，知识的变化倒逼学习内容的更新。人工智能的知识内容既涉及一般的读写与计算内容，也涉及一些人工智能方面的基础知识，如"如何与智能机器人打交道，如何编程，如何利用大数据"②等。其二，就学习环境而言，智能技术利用技术优势打破了学习边界，克服了时空局限，营造了全方位的学习环境。从时间层面上来说，学习者在智能技术的帮助下能够灵活调整学习时段，并进行即时的泛在学习，从而使正式学习与非正式学习完全融合。从空间维度上来说，学习空间由实体空间过渡到虚实兼备的融合空间，基于大数据的在线学习平台也成为学习空间的构成部分，其通过动态跟踪学习者的学习实况，分析学习者的学习风格和状态，向学习者推荐资源并制定个性化的学习路径，从而构建沉浸体验式的智能化学习空间。其三，就学习资源而言，大数据、互联网等智能技术的发展，加快了数字化学习资源的传播共享，推动了网络学习资源共创共建。"技术实现了学习资源的无限可复制性与广泛通达性"③，推动形成了以学习者为中心的系列个性化学习资源库。

（三）学习方式随形态的变化发生变革

智能技术赋能引发学习形态的变化，学习方式也随之发生变革。"学习方式同样要由学习能力发展的水平决定，而且受到学习活动之物质载体和物质手段制约。"④纵观人类学习方式演变历程，学习方式的变革与生产力发展和技术革新息息相关。文字出现之前，学习活动以口头或体态语言开展，受时空局限且难以传播。文字出现之后，形成了以文字为标识的学习方式，学习活动打破了时空界限，使学习更为抽象，传播速度更快。印刷术的发展迅速促进了教育的普及和学习形态的变化。印刷术与造纸术"增加了学习的途径，从而扩大了人类学习方式的可能性，提

---

①　王天平、闫君子：《人工智能时代的知识教学变革》，载《湖南师范大学教育科学学报》，2021(1)。
②　王竹立：《技术是如何改变教育的？——兼论人工智能对教育的影响》，载《电化教育研究》，2018(4)。
③　张海生、范颖：《"互联网+教育"时代的学习新形态：主要类型、共性特征与有效实现》，载《中国远程教育》，2018(10)。
④　桑新民：《信息技术时代：人类学习方式变革的里程碑》，载《上海高教研究》，1998(12)。

高了学习效率"①。信息技术特别是智能信息技术的诞生，使人们走向了智慧信息时代，而以往"过时的、非数字时代的学习方式已难以适应人工智能赋能的学习变革"②，新技术背景下极需全新的、丰富的学习方式。从系统论角度看，学习活动是个动态变化的体系，"任何要素的变化都会引起学习方式系统中各要素之间的不平衡，不平衡的状态就会引发学习方式的变革"③。智能技术革命使学习的主体、学习内容、学习环境等都发生了巨变，改写了整个学习体系，破坏了各基本要素间的均衡发展，为学习方式转变奠定了基础和创造了条件。因此，智能技术渗入的学习深切呼唤着学习方式的变革。

(四)多种学习方式在智能时代得以涌现

智能的认知主体、认识对象和学习中介等都出现了多方面的深刻质变，使智能时代的学习方式呈现多种多样的实践样态。关于智能时代"怎么学"的问题，学者们颇有见解地提出了多种学习方式。有学者认为，"随着数字技术和人工智能技术的井喷式发展……数字化学习、在线学习、混合式学习等新学习方式成为新的研究重心和热点"④。有学者指出信息技术彻底改变了学习者被动接触式的学习方式，使学习者更加注重独立探究的学习方式，使学习者能够很容易地开展项目式学习、网络学习、协作学习等。⑤ 有学者根据"互联网+"时代新的学习特点与要求，提出了大规模学习、跨界学习、定制学习、众创学习等新的学习方式。⑥ 有学者认为，人工智能时代有四类自主学习方式：自主性定制学习、社区交互学习、单人机协作学习和多人机多元学习。⑦ 更有学者直接认为，在网络时代，"深度学习是全新教

① 李芒、郑葳：《信息化学习方式的历史审视》，载《电化教育研究》，2006(5)。
② 王佑镁、宛平、赵文竹等：《科技向善：国际"人工智能+教育"发展新路向——解读〈教育中的人工智能：可持续发展的机遇和挑战〉》，载《开放教育研究》，2019(5)。
③ 李红梅：《"互联网+"时代"新"学习方式的价值逻辑》，载《中国电化教育》，2017(6)。
④ 蔡宝来：《信息技术与课程整合研究进展及未来走向》，载《课程·教材·教法》，2018(8)。
⑤ 参见赵呈领、阮玉娇、梁云真：《21世纪以来我国教育技术学研究的热点和趋势》，载《现代教育技术》，2017(3)。
⑥ 参见张韵：《"互联网+"时代的新型学习方式》，载《中国电化教育》，2017(1)。
⑦ 参见余亮、魏华燕、弓潇然：《论人工智能时代学习方式及其学习资源特征》，载《电化教育研究》，2020(4)。

育理念与学习方式变革的标志"①。在这些观点中，有关注学习者的主动自觉的，也有强调学习者的个性化需求的；有重视提供数字化学习资源的，也有强调打造智能学习空间和环境的；有注重学习机器的价值发挥的，也有强调人与机器和谐共生的。总起来看，这些学习方式各有侧重、各具特色，整体偏向于个性化、多样化、深层化、主动化、智慧化。当面临着许多可供选择的学习方式时，我们必须防止过度追求形式变化和任意剪切拼接的形式主义，而"既需要关注学习方式的实质性变革，也需要规避为了方式而方式的'虚假性'变革"②。另外，把各种学习方式运用到实践中时，更应注重学习方式的适用性，明确学习方式的使用边界，进而发挥出学习方式的最大功能。

二、智能时代为教师学习带来机遇

（一）富技术智能发展场域助力教师学习

富技术智能化学习环境为教师学习提供了优良的发展场域，成为促进教师学习的重要支撑。先进智能化语音和图形识别、自动批改评分、智能关联和精准推送等智能技术将教师从简单、重复的常规教学任务中解放出来，各种智能设备、虚实融合的学习资源将会唾手可得，为教师学习提供了多模态、线上线下混合式、智能泛在式的技术支持。人与人、人与机器时空同步的学习场景，虚拟学习社区，虚幻学习场等多场域并存，以及人人协作、人机耦合等多维互动都为教师学习提供了不同的支持，在赋能教师教育力的同时，也为教师学习力提供了强有力的支撑。智能化学习环境能准确、及时地收集并分析教师教学行为和生理、心理等表现情况，从而为教师学习提供参考依据，还能为教师提供精准个性化的学习推荐路径。③ 智能技术可以对教师学习的特征、进程和效果等诸多内容进行科学评估分析，动态追踪教师学习的行动轨迹，并根据教师教学理念、兴趣爱好、认知风格和习惯等方面的特

① 何克抗：《深度学习：网络时代学习方式的变革》，载《教育研究》，2018(5)。
② 徐金海：《学习方式变革的五个关键要素》，载《教育发展研究》，2021(24)。
③ 参见刘清堂、何皓怡、吴林静等：《基于人工智能的课堂教学行为分析方法及其应用》，载《中国电化教育》，2019(9)。

征，结合教师自身发展需求，形成教师精准"画像"，进而实时可视化直观呈现教师学习状态，让教师有效地认识自我，更敏锐地洞察学习中存在的问题，再通过推荐与制定个性化的教师学习路径，精准智能化供给个性化学习资源和支持服务，赋能人机协同进化，促进教师更好成长。嵌入智能技术的教师管理系统能够分析并预测教师队伍建设情况，监督教师培训进度，分配与部署教师资源，使每个教师都能够在适合的教育岗位上充分地发挥特长与优点，最后达到对教师资源的智能化、科学化与规范化的优化配置，进而促进教师学习实现最优化，提升教师工作的满意度和幸福指数。

(二)闲暇教育得以更好开展

教师学习呼唤闲暇教育。① 技术对人的代具性弥补作用形成了支持教师工作和学习的闭环系统，减轻了教师的工作负担，使教师能够有更多的闲暇时间和精力用于优化知识结构和创新教学方法，在更好地承担传道、授业和解惑重任的基础上，主动寻求转变为寻惑、立业和探道。② 智能技术替代了教师部分的工作并为教师提供了工作、生活和学习方面的便利，既使得教师有更多的闲暇时间用于自我提升，也使得教师产生了主动、持续学习和发展自我的期望与内在需求，激发了教师参与学习共同体的意识。虚实结合、线上线下融合的智能化教育环境也丰富了教师闲暇教育的内容和形式，有助于提升教师闲暇教育的效果。概言之，智能技术更好地解放了教师，也提升了教师利用闲暇时光进行自主学习的生态和谐性，为教师达到更高层次的教学目标、取得更高水平的教育效果、延展更多维度的学科能力赋权增能。由此可见，智能时代教师有更多的闲暇时间，能更好地开展正式学习或非正式学习，渐入学习的最佳机遇期。

(三)教师全面个性化学习得到最大限度的保障

教师学习不仅是教师增长知识、提升技能的过程，而且是教师核心素养、价值观和人格等全面个性化发展的过程。教师学习在基础、兴趣和能动性上有差异。智

---

① 参见张会庆：《西藏双语教师闲暇生活境遇及闲暇教育微探》，载《西藏教育》，2020(5)。
② 参见周月玲、谢泉峰：《人工智能时代教师角色的转变——基于我国教师角色传统表征体系的分析》，载《教育科学研究》，2021(2)。

能技术显性或隐性支持教师学习全过程，可以动态跟踪并实时评价教师学习过程。智能技术可以对教师的知识结构、教学行为、学习效果等方面进行需求分析与过程评价，从而发现教师存在的优势和劣势，进而为教师提供智能化科学决策依据和参考，并智能化推送学习资源、非线性的适恰发展路径和组织多维实践活动，为教师全面个性化发展提供保障。智能时代智慧学习环境的构建，能够改变传统的教师职前、职后的培养和培训模式，能够为教师精准提供个性化指导和干预教师学习，使教师在学习中大有作为。智能技术能够摸清教师的学习基础、自身要求以及优势与不足，并通过给教师量身定制教学成长路径，推送帮助其跨越最近发展区的知识、技术工具等，推荐领域专家及学习伙伴，以及进行必要的预警提醒，使教师避免在学习中走弯路、走错路，从而更好地帮助教师实现专业成长。

(四)教师智能协作化学习成为现实

智能时代人与机器协同工作以及以智能技术为中介的"人—机—人"协作将成为常态，教师既可以向专家和同行学习，也能向智能机器学习。人工智能与其他技术叠加应用催生出形态多样的教师学习优化可选路径，形成多元化教师学习形态，更加有利于教师智能协作化发展。智能时代教师可以因时而动、因势而动，以智能化、协作化的学习形态实现学习效益的最大化。一方面，教师智能协作化学习凸显智能性，使教师专业智能化发展与教师队伍智能化治理融为一体。智能时代教育治理数字化、智能化的发展能够更好地服务于教师学习，对教师学习进行及时、精准的形势研判、趋势预测和科学干预，更合理调配教师学习所需的各种社会资源，保障教师学习与社会发展协同一致。另一方面，教师智能协作化学习突出协作性，既有教师与同行等相关人员的协作，也有教师与智能机器的协作，有助于形成人机融合的学习共同体多元交互结构，以促进教师协同教学能力的提升。[1] 智能时代构建基于网络的智能化教师学习共同体，关联、推荐领域专家等人员和智能机器，能为教师学习提供高效、充满活力的智能化协作学习环境。

---

[1]　参见周琴、文欣月：《智能化时代"AI+教师"协同教学的实践形态》，载《远程教育杂志》，2020(2)。

三、智能时代为教师学习带来挑战

(一)教师信念受到更强的冲击

智能技术与教育的深度融合发展深刻冲击着教师信念的形成与发展。① 教师信念作为教师学习的重要内容，是指教师长久以来形成的对教育理论、观点和见解的判断②，是教师开展教与学实践活动的价值参考框架，包括教师作为教学者从教的信念和教师作为学习者从学的信念两大核心部分。人工智能教育强势引入教育界，让教师从部分认知行为的大量简单、机械和烦琐的传统教育活动中摆脱出来，使课堂质量得到提高，课堂反馈环节减少，也使教师对其职业"生存危机"出现一时的恐惧。有的教师信念中带有浓烈的技术工具理性主义色彩或存在伦理失范的倾向。③ 在智能时代教学过程中，一旦教师信念出现偏差，教师往往会陷入"技术本位"的误区，为技术所奴役，成为技术的附庸者和盲从者，抑或是对技术充满排斥、抗拒，以使其与智能时代发展格格不入。简言之，面对智能时代教育的变革发展，教师如果还是恪守"技术包办教育一切"以及有了智能技术就能完成智能时代之育人全部工作抑或教育就是"一间教室、一块黑板、一支粉笔、一本教科书"的观念，很可能会在教学中因过分依赖机器而滥用技术或盲目地排斥智能机器。可以确定的是，在智能时代如果教师只是成为体现工具性价值的"经师"，像机器般重复着传授知识的教学活动，而不是成为培育人的"人师"，则无法反映教师本身的存在价值，终将为时代所淘汰，成为"无用阶级"。④ 智能时代技术对于教育的变革性作用促使教师学习与时代发展同步而行，就必然要重塑教师的教学信念和学习信念。

---

① 参见张会庆、许亚锋、辛宪民：《学习科学视域下的智能时代教师专业发展研究》，载《黑龙江高教研究》，2022(6)。

② 参见俞国良、辛自强：《教师信念及其对教师培养的意义》，载《教育研究》，2000(5)。

③ 参见陈晓慧、卢佳、赫鹏：《信息技术教学应用的伦理失范及其治理》，载《开放教育研究》，2019(3)。

④ 参见[以]尤瓦尔·赫拉利：《未来简史：从智人到神人》，林俊宏译，286页，北京，中信出版社，2017。

(二)教师学习被寄予更高的期望

智能时代对教学的高质量提升以及课堂知识广度与深度的增加，提出了前所未有的急切需求。人工智能时代，教师必须担当知识参与者、个性化引路人、价值引导者、情感交流者、职业规划师等多个角色①，除了坚持育人本位，提升教书技能外，还要通过引领、示范和指导等方式，帮助学生了解并遵守科技伦理道德规范以及人类特有的情感与价值观，发展其在智能社会生存与发展的批判性思维和创新性思维等核心能力。智能时代教师学习需要具备强烈的超前意识，尤其是未来从教的师范生需要掌握智能时代的教育理论、智能教育技术等知识和技能。新时期教育的知识权威式微，如果还只是局限于单纯掌握教育教学领域的技术手段或基础知识，甚至只是部分教学技能的基本运用，将与智能时代对教师专业发展的期望明显脱节。

(三)教师学习需要更大的投入

教师自觉、主动的投入是其学习的重要前提和基础。相比以往，智能时代教师专业发展需要投入更多的人、财、物。在智能化教学变革过程中，教师借助智能技术，扩展接受信息的感官途径，将智能工具具身化教学应用②，需要强化学习，投入更多的时间和精力。人工智能时代的知识灌输功能退居次要地位，激发思维情感活动成为与计算机合作教育的重点，所以在课程中教师必须有更多的行为投入、意识投入和情感投入。另外，智能时代单个教师将难以实现自身的长足发展，以学习共同体形式，开展基于智能化环境的协作教研等，成为实现教师学习的必然之举，需要教师为之付出更多的精力。目前，智能技术对社会发展的推动力已经初现端倪，但依然难以满足教育领域个性化的特殊需求，很多智能教育产品需要个别定制或是二次开发，而且智能教育产品升级淘汰周期越来越短，运行维护费用也较高。虽然我国在智能教育领域的战略部署和基础建设投入为智慧教育推广和教师学习奠

---

① 参见李明媚、成希、罗娟：《人工智能时代的高等教育之变与不变》，载《黑龙江高教研究》，2020(2)。
② 参见王天平、闫君子：《人工智能时代的知识教学变革》，载《湖南师范大学教育科学学报》，2021(1)。

定了基础，但是构建赋能教师学习智能化生态环境是一项高要求、高投入、高标准的工作，"没钱做不了、钱少做不好"。当前我国东西部之间、城乡之间、学校之间的教育基础建设和投入等还存在一定差距，消除"新数字鸿沟"的任务依然艰巨。在我国经济欠发达地区，教育经费投入还难以支撑实现智能技术对教育的持续深入变革，在很大程度上也影响了借助于智能技术提升教师学习的成效。

(四)教师伦理道德素养受到更大关注

智能技术挑战着人类已有的社会秩序，冲击着法律与社会道德伦理规范，会出现由技术不成熟等原因造成的人身财产损失，甚或引发价值偏差、伦理丧失和隐私侵犯等一系列问题，乃至在未来达到超人工智能"奇点"时将超越人类智慧，从而威胁到人类的生存。即使在弱人工智能时代，也存在不为人知的技术在教育领域中应用的隐患与风险。保持节制与防范、慎而又慎的态度被学者认为是推进人工智能教育应用的必然之举。[1]　智能时代教师与技术形成人与技术紧密结合的存在结构，依托智能机器精准支持教师学习将成为教师学习成长的常态。为此，只有持续地采集教师的生理、心理、行为甚至思维方面的多模态数据，才能为教师学习提供精准个性化和智能化服务。这又必然存在教师隐私数据被泄露的风险或个人数据采集是否符合伦理道德、智能推送的学习资源和建议是否适用、数据信息的合理合法应用和保密机制是否可靠健全等诸多问题，从而直接影响以符合伦理规范的方式实施智能化教师学习的效果，稍有不慎将不但不能促进教师学习，反而会危害到教师的身心健康发展。与此同时，智能机器虽然技术先进，但无血无肉，缺乏情感和温度，在被大量应用于带有温度和充满热情的教育真实情境时还缺乏技术基础。不稳、教育数据缺陷、算法能力不足等现实问题，呈现出人机协同教学灰色系统的不确定性。[2]　在这一系统中，教师极易被技术牵着鼻子走，不得不面临智能技术自身风险和个人隐私被侵犯等伦理方面带来的挑战，需要时刻警惕，识别和规避潜在伦理风险。有悖于道德伦理的行为将会在很大程度上影响到教师学习，甚至会终结教师的职业生涯。总之，智能时代教师学习面临着教师违背伦理、道德形象矮化等风险，

---

① 参见唐汉卫：《人工智能时代教育将如何存在》，载《教育研究》，2018(11)。

② 参见张海生：《人工智能与教育深度融合发展：逻辑、困境与策略》，载《当代教育论坛》，2021(2)。

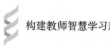

以及极易出现技术滥用或盲目排斥等不良倾向。

四、探索开展教师混合式学习的对策性建议与构想

通过对国家层面教师学习相关政策的梳理，我们可以看出基于国家对教师队伍建设的一贯重视，随着教育信息化、数字化变革的日益深入，教师开展混合式学习成为必然趋势。结合对教师学习所面临政策机遇与现实挑战的分析，以及对技术变革为教师学习带来机遇与挑战的认识，可知教师开展混合式学习已经成为现实样态。此处拟对探索开展教师混合式学习提出相应对策性建议并做出构想。

（一）通过培训方式变革推动教师混合式学习模式创新

国家层面教师学习相关政策反映出国家对教师队伍建设的高度重视，而教师队伍建设的基本途径就是开展多种形式且富有成效的教师培训，因此各重要政策文件无不对教师培训做出相应的指导与规定。同时，按照政策规定或主动参与教师培训，可谓教师开展业务学习以促进专业发展的基本且有效的形式。随着教育信息技术与教育教学的深度融合，尤其在新冠疫情期间，教师培训对在线教学的依赖凸显出来。在当前，教师培训方式有向线下传统形式回归的惯性需求，但在线开展教师培训的便利与高效性，让相关参与方感触颇深。因此，有意识地开展培训方式变革，不断丰富和完善教师培训资源平台与在线培训方式，使其与线下现场教学的优势有机结合，鼓励并推动教师开展线上线下混合式学习，进而推进教师培训或教师学习模式的创新，具有非常现实的意义。

（二）推进完善数字教育时代教师混合式学习支持体系

党的二十大关于"推进教育数字化"的提出，标志着我国教育向数字教育时代加速转型的全面启动。与以上政策精神相配套的《提升全民数字素养与技能行动纲要》和《新时代基础教育强师计划》两份重要文件，则分别从数字素养与技能提升以及基础教育教师队伍建设两方面对数字教育时代教师混合式学习做出了政策布局，由此形成了教师混合式学习政策体系。按照上述政策精神，我国亟须构建各级各类且协同互通的教师学习平台、资源、数据体系；将教师学习虚拟空间与实体空间相

结合，从而打造虚实融合的教师混合式学习空间体系；整合多方教师培训研修机构，基于数据分析形成助力教师开展精准混合式学习及研修的方式、方法、模式体系；开展标准建设，形成教师混合式学习和研修的自评与他评相结合的评价机制体系；形成教师混合式学习的终身学习、跨界融合的理念体系。上述各体系有机结合，则形成了教师混合式学习支持体系。从本研究所开展的相关调研来看，教师学习对相应支持措施的需求程度从高到低排序，先是对宏观的政策支持、研究指导的高度需求，到对中观的资源和策略支持、能力指导的中度需求，再到对微观的思维方式引导的低度需求。因此，我国还需要根据教师的等级需求，做更为适恰的政策支持、研究指导、氛围陶冶、资源提供，助力教师更好地开展高质量的混合式学习，进而形成特定的思维方式与学习习惯。

(三)构建丰富学习场景推进教师混合式学习开展

教师混合式学习应在一定的场景下高效发生。按照线上线下的比例关系，教师混合式学习场景可以分为以下类型：一是"线上为主，线下为辅"的混合式学习，就是为教师提供丰富的学习资源，以教师自主线上学习为主，以定期线下学习或线下答疑为辅的场景模式；二是"线下为主，线上为辅"的混合式学习，就是以线下开展面对面的教师培训为主，以沉淀下来的线上学习资源或学习材料交由教师自主学习为辅的场景模式；三是"线上线下循环"的混合式学习，就是教师在线上学习和线下辅导模式中循环开展学习的场景模式；四是"双师模式"的混合式学习，就是线上培训教师在任意空间对教师学员进行直播教学，线下培训教师对教师学员进行辅助辅导的场景模式；五是"全方位自主"的混合式学习，就是将上述各模式交叉糅合、多方位开展的场景模式。以上学习场景的构建可给予教师学习更为广阔的选择空间，充分调动教师的积极性、主动性，使教师灵活、高效地开展混合式学习。

(四)推进智慧教育生态助力教师开展混合式学习

基于笔者近年来关于智慧教育的研究积累，结合教师混合式研修实践案例分析所折射出来的现实性问题，笔者特提出建议，望基于国家智慧教育云平台，启动并推进国家智慧教育空间体系研究与建设工程，以推进形成智慧教育生态，助力教师

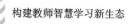

开展全方位混合式学习。

所谓智慧教育空间体系，就是以智慧教育云中心为核心与纽带，统合线上线下智慧教育校园、智慧教学应用、智慧教师研修、智慧教育社区、智慧教育拓展、智慧教育运维等模块，从而构建形成的虚拟与实体相结合的空间体系。智慧教育云中心是智慧教育空间体系的核心组成部分。狭义的国家智慧教育空间体系，是在国家层面规划、布局和建设的智慧教育空间体系。广义的国家智慧教育空间体系，是有机统合了国家、省、市、区、校等各级智慧教育空间体系，从而形成的互联互通、集约共享，能够自我生成、精炼提升的有机空间体系。

对于国家智慧教育空间体系（狭义）的初步设想体现在如下几个方面。其一，该体系以国家智慧教育云中心为核心和纽带进行构建。其二，该体系包括虚拟空间与实体空间两大部分，以基于互联网的虚拟空间为主体，以相应的实体空间为配套。其三，虚拟空间与实体空间大致包含智慧教育校园、智慧教学应用、智慧教师研修、智慧教育社区、智慧教育拓展、智慧教育运维等，虚拟空间与实体空间以互联网为基础随时随地产生良性互动。其四，在国家智慧教育空间体系下，学生可以随时随地获取优质教育资源，自主开展具有个性化、创造性的学习，也可随时与教师进行互动，从教师那里得到指导；教师可以随时随地进行互动交流，开展教研活动，接受教育培训；教育管理者可以创造性开展高效率教育管理与教育服务活动；广大家长可以随时随地对教育教学进行反馈，并以适当方式参与进来；广大民众根据自身需要，可以随时随地获取教育资源，从而实现全民学习、终身学习。其五，国家智慧教育空间体系允许各地学校根据教育教学实际，建设符合自身个性发展需要的智慧教育空间，并按照一定的标准和规则实现与国家智慧教育空间体系的互联互通，从而形成兼具均衡发展与个性发展，共建共生、集约共享、自我优化的有机智慧教育空间体系。

国家智慧教育空间体系的研究与建设，将有助于充分发挥包括在线教育在内的现代信息技术对教育教学的革命性推动作用，助力广大教师开展各种形式的混合式学习，以增强教育应对各种突发事件冲击的能力，有效统合全国优质教育资源，有效推动国家教育优质、均衡、可持续发展。

第二章
教师学习研究的
生态化取向

第一节 学习心理的生态化取向——从个体走向社会

生态学本专注于植物和动物生态的研究，经过一百多年的发展，已经成为一个学科群，拥有种群生态学、群落生态学、景观生态学和行为生态学等多个学科分支。1921 年，帕克（R. E. Park）和伯吉斯（E. W. Burgess）首先提出了人类生态学概念，生态学开始作为一门学科在人文科学领域普遍渗透，并成为一种思想指导人们以整体和联系的方式检视原有观念，寻求解决现实问题的新路径。1976 年，美国教育学家克雷明（L. A. Cremin）提出了教育生态学的概念，生态学的系统观、平衡观、联系观、动态观开始被教育学家用来考察教育问题。① 其后又涌现出一批学者，包括吉布森（J. Gibson）、格里诺（J. Greeno）、扬（M. Yang）等，他们借助生态学的相关概念分析教育改革、教师专业发展、学习与培训等，学习及相关研究领域都出现了生态学的转向。

教育生态学的概念为学习理论研究引入了新元素。从教育生态学的角度看，首先，学习的目的应该回归生命本位，学习是为了激扬生命，提升生命的质量，而不是将人作为学习的工具。学习的过程不应该使个体脱离生命，压制生命的成长。其次，学习是生命个体对支持生命的环境系统多维探索的过程，以获取知识和经验，多维度地吸纳有利于生命系统拓展的给养，学习者与学习环境之间是多维度联系的统一整体，而非单向度地索取知识和经验。格里诺批判之前的学习理论："行为主义原则倾向于从技能的获得来看学习。认知的原则倾向于从概念理解与思维和理解的一般策略的增长来看学习……这些实践包括概念意义的建构和技能的使用。"② 再次，学习是动态联系的过程，学习是行动者与环境的交互。学习既不是学习者内部认知的产物，也不是简单的环境选择的结果，而是意图驱动行动者（自组织系统）

---

① 参见范国睿：《教育生态学》，27 页，北京，人民教育出版社，2000。
② 转引自郑葳、王大为：《生态学习观及其教育实践启示》，载《教育研究与实验》，2006（1）。

与信息丰富的环境动态交互的结果。① 最后，生态学习观以整体性、适应性和多样性等原则，让我们完整地认识学习。

一、成人学习的心理学理论基础

自 1903 年桑代克(E. L. Thorndike)发表《教育心理学》以来，教育心理学成为一门独立的学科，而人类是如何学习的始终是教育心理学的核心关注点。关于这一问题，一百多年以来，许多心理学家提出了自己的观点和理论，对学习现象进行了全方位、多层面的解析。从最初的行为主义流派的刺激反应联结理论到认知主义流派的信息加工理论以及随后崛起的建构主义流派，它们都提出，知识是经建构而形成的，强调个体与物理环境和社会文化环境的互动。

成人学习是随着学习现象的深入研究而单分出来的一个研究领域。作为学习者的成人与作为学习者的儿童在自身特点上有很大差别，导致其学习发生的场景和学习过程也有巨大的差异。然而作为学习现象而言，成人学习也具有人类学习的共同特点，学习心理研究者所提出的相关学习理论也是成人学习的心理学理论基础，其中就包括行为主义学习理论、认知主义学习理论和建构主义学习理论。下面对这些基础的学习理论进行简单的介绍。

(一)行为主义学习理论

行为主义学习理论是学习理论发展史上第一个系统的学习理论，其代表人物有桑代克、华生(J. B. Watson)、巴甫洛夫(I. Pavlov)、斯金纳(B. F. Skinner)等。行为主义的学习观认为，学习是学习者在一定条件下形成的刺激和反应之间的联结，学习者与外界的某一刺激建立起了刺激与反应的联结，即学习者获得了新经验，而学习的动力主要来自内部的驱动力(如饥饿)和外部力量(如奖励或惩罚)。

桑代克对学习现象的研究大都基于猫的迷笼实验。在实验中，猫因为饥饿的驱使，通过多次试误在迷笼情境下习得了打开迷笼的行为反应。因此，桑代克认为学

---

① 参见[美]戴维·H. 乔纳森主编：《学习环境的理论基础》，郑太年、任友群译，77 页，上海，华东师范大学出版社，2002。

习的实质是通过尝试在一定情境与特定的反应之间建立某种联系。在尝试中，个体会犯很多错误，通过环境给予的反馈，个体放弃错误的尝试而保留正确的尝试，从而建立起正确的联结，这就是学习。

巴甫洛夫基于对狗的学习行为的研究提出了经典条件作用。经典条件作用的实质也是刺激和反应之间的联结。该理论区分了两种条件反射：一种是先天就会、不学而能的无条件反射，对于狗而言就是一种吃到食物流口水的生理反应，在这里，刺激为食物，反应是流口水；另一种是经过学习而形成的条件反射，这种条件反射是基于学习个体的无条件反射建立起来的学习个体与一个无关刺激（又被称为中性刺激）之间的刺激与反应之间的联结。在巴甫洛夫的实验中，条件反射的建立过程是在给狗提供食物的同时，出现一个无关刺激——铃声，然后狗吃到了食物，流出了口水。当铃声与食物多次结合，即使不出现食物，仅出现铃声，狗听到铃声也会流出口水，这一铃声刺激和狗流口水的反应之间的联结的建立被称为条件反射。狗建立条件反射的过程即学习新经验的过程。

行为主义的另一个重要的代表性理论是斯金纳的操作性条件作用。斯金纳改进了桑代克的迷笼实验，设计了"斯金纳箱"，并用以研究各种动物，如小白鼠和鸽子。在实验中，动物从初始的混乱动作中无意碰到杠杆，得到了食物，从而建立起按压杠杆与得到食物之间的联结。操作性条件作用与经典条件作用的核心差异是，个体的学习行为不是由刺激情境引发的，而是有机体的自发行为，而影响行为巩固和再次出现的关键因素是行为后得到的结果，即强化。学习者为了获得强化，在刺激环境中主动探索，主动操作，习得新行为，建立了行为与强化刺激之间的联结。

(二)认知主义学习理论

行为主义的联结学习理论只强调刺激和反应之间形成的联结，学习只考虑学习者外部行为反应的变化，完全不考虑学习者内在心理过程的变化。而实际上，有些学习在学习者的大脑中已经发生了，却不一定会有行为表现。因此，认知心理学家认为，在研究人类的复杂行为时，除了要关心个体可观察到的行为反应外，还要关心刺激和反应的中间过程，即刺激怎样引起反应和学习行为的内在机制，关注内部经验的获取过程。认知主义的研究对象开始由动物转向人。

　　最早的认知主义学习理论是苛勒（W. köhler）的格式塔理论。苛勒在1913—1917年到非洲研究猩猩的行为，并根据猩猩解决问题的行为提出了顿悟学习的学习理论。猩猩取香蕉的实验是认知主义学习理论中非常有名的实验。在实验情境中，猩猩可以看见房顶上悬挂着一串香蕉，但够不着，同时房内的地上有几个箱子。面对这样的情境，猩猩一开始试图跳起来抓香蕉，但没有成功，它便不再跳了，而是在房间里走来走去，仿佛在观察房间里的东西。经过一段时间，猩猩突然走到箱子前面，站着不动，过了一会儿，它把箱子挪到香蕉下面，跳到箱子上，取到了香蕉，如果箱子不够高，猩猩还能把好几个箱子叠起来去取香蕉。苛勒发现，猩猩不是通过尝试错误的方法来学习如何拿到香蕉的，而是突然学会如何解决问题的。苛勒认为用"知觉重组"可以解释这种学习：猩猩突然发现了箱子和香蕉之间的联系，它在认知结构中将已有的知识经验进行了重新组合，找到了解决问题的新方法。这种学习被称为顿悟学习。在顿悟学习中，个体学到的东西不是刺激和反应之间的特定联系，而是手段和目的之间的一种认知关系。格式塔心理学，又被称为完形心理学，强调经验和行为的整体性，提出学习不是简单地在强化条件下形成刺激与反应的联结，而是学习者通过顿悟积极、主动地形成新的完形或认知结构的过程。

　　认知主义学习理论的代表人物还有布鲁纳（J. S. Bruner）和奥苏伯尔（D. P. Ausubel）。他们主要研究学生的学习，认为学习是学生积极、主动进行的内部认知操作活动，并由此形成或发展了自身的认知结构。布鲁纳提出了发现学习理论，认为学生通过发现学习的方式，将学科的基本知识结构转变为了自己的认知结构；而奥苏伯尔则提出了认知-同化学习理论，认为学习是学生通过同化的认知方式将新知识纳入原有的知识结构之中，不断完善或改变原有认知结构，形成新的更丰富、更全面、更高水平的认知结构。

　　信息加工理论是认知主义学习理论的又一代表性理论，从20世纪七八十年代逐渐成为认知主义流派的主导理论。信息加工理论将人的学习过程看作信息加工过程，提出了信息加工模型。学习过程就是一个信息加工系统（操作系统）、控制系统与预期系统协同工作的过程。信息加工的基本流程如图2-1所示。① 感受器接收

---

　　① 参见陈琦、刘儒德主编：《教育心理学》，122页，北京，高等教育出版社，2011。

外界的信息输入，并在感觉登记器中进行登记，在保留了非常短的时间后，信息进入短时记忆(工作记忆)，学习者在短时记忆中通过复述和进一步的编码把信息保存至长时记忆里。在面对新问题时，学习者的信息加工过程则从长时记忆开始。学习者在长时记忆中激活与问题相关的知识信息，并将其提取至短时记忆中，与问题相关的知识信息在这里与新输入的信息相互作用，产生对问题的新理解，再通过反应发生器和反应器，做出解决问题的行为。在此过程中，控制系统会通过认知策略调节认知过程，如选择什么新信息、选择短时记忆的加工方式和长时记忆的信息表征方式等，以提高个体加工信息的效率。此外，预期系统中所包含的学习者的学习目标和学习动机也影响着个体信息加工的效果。

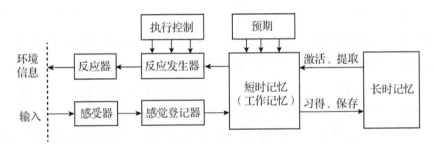

图 2-1　信息加工的基本流程

(三)建构主义学习理论

建构主义学习理论是一种新的学习理论，于 20 世纪 90 年代兴起。与强调客观知识的行为主义和认知主义学习理论不同，建构主义学习理论试图超越客观主义知识观和主观主义知识观的二元对立，重新定义知识与学习和学习者。

对于知识，建构主义学习理论认为，知识并不是对现实的准确表征，知识本身并没有意义，意义是由人建构起来的，事物的意义既由事物本身来决定，也由学习者已有的知识经验来决定。因此，这种知识只是一种假设和解释，并非问题的最终答案。对于学习，建构主义学习理论认为学习是个体内在生成和主动建构的活动，学习者通过新旧知识经验之间反复、双向的相互作用，来形成和调整自己的经验结构。建构主义学习理论认为每个学习者是不同的，因为他们已有的主观经验不同，即使对于相同的事物，他们也会基于自己已有的主观经验来形成对同一种事物独特的理解。基于建构主义学习理论，教学不是知识的传递，而是应当把学生现有的知识经验作为新知识的生长点，引导学生从原有知识经验中生长出新的知识经验。

建构主义学习理论的代表人物有皮亚杰（J. Piaget）和维果茨基（L. S. Vygotsky）。皮亚杰从认知心理学角度阐述个体建构知识的过程。皮亚杰认为概念的获得是学习者自身与周围环境发生相互作用的结果，学习者通过同化、顺应这一学习机制，在不断概括与具体化的过程中形成对概念的掌握。① 儿童如同科学家一样，首先设想出一些与此科学概念相关的理论，然后不断地验证和修改这些理论，直至形成的心理模式与客观现实相似为止。②

维果茨基则提出了社会文化历史理论。他认为，"知识不仅是在个体与物理环境的相互作用中建构的，社会性的相互作用同样重要，甚至更加重要"③，儿童的知识还来源于对社会环境信息的意义建构。儿童会通过有益的社会协商来获得学习和发展，因此，与成人、同伴的互动在儿童的学习与发展中占有重要位置。在个体自我的可能发展水平和与人协作并受到他人指导的可能发展水平之间存在某种差异，维果茨基将这种差异定义为最近发展区。维果茨基坚信儿童的发展发生在其最近发展区内，成人或能力较强的同伴对儿童的发展起着重要的促进作用。④

二、学习理论的生态学习观

一代又一代心理学家对学习现象的探究类似于物理学家对物质世界的探究。当牛顿提出运动定律时，我们所生活的物质世界的一切现象似乎得到了完美的解释，直至爱因斯坦提出相对论明确了牛顿力学体系的适用范围，量子物理学的出现也为

---

① 参见[美]大卫·R. 谢弗、[美]凯瑟琳：《发展心理学》，邹泓等译，237 页，北京，中国轻工业出版社，2011。

② A. Gopnik & A. Meltzoff, *Words, Thoughts, and Theories*, Cambridge, The MIT Press, 1997, p. 87.

③ L. S. Vygotsky, *Mind in Society：The Development of Higher Psychological Processes*, Cambridge, Harvard University Press, 1978, p. 143.

④ L. M. Fawcett & A. F. Garton, "The Effect of Peer Collaboration on Children's Problem-solving Ability," *British Journal of Educational Psychology*, 2005(2), p. 157.

人们提供了对物质世界的全新解释。同时，我们也看到，牛顿运动定律、相对论以及量子物理学都分别解释了不同条件下的物质世界，彼此并非相互否定的关系。

心理学家对人类学习现象的认识同样如此，层出不穷的关于学习的理论并非互相排斥，而是呈现出从个体到环境到系统的生态化过程。学习理论一开始的变化符合库恩式的范式转换论，即一个理论替代另一个理论。首先是认知主义对行为主义的"第一次认知革命"，到了20世纪末，又掀起了"第二次认知革命"，学习理论的社会文化倾向取代了信息加工倾向。然而，随着理论的发展，研究者发现，面对复杂的学习现象，单靠一种理论是无法完全解释清楚的。毋庸置疑，依靠强化形成刺激与反应的联结是人类学习行为的基础，学习的过程也的确是人类对信息的编码与存储过程，而我们人类也确实是通过与周围人的协商和环境的互动来调适自己适应环境的。因此，每一种学习理论都是对学习过程中某一方面的阐述，在详细解释某一方面的过程中，忽视了另一些方面。只是由于理论研究者存在一种拒斥他人理论、凸显自己理论的倾向，因此学习理论的研究也呈现出一种革命式的完全否认前人理论的倾向。

对于学习现象的阐述，更为成熟的做法是，考虑情境因素的同时吸纳和包容有关学习的多种观点。学习是一个影响变量众多、充满混沌的过程，要还原学习现象的真实与自然，需要对学习现象采取更加统整和开放的态度，即各流派的学习理论并非相互否定的关系，而是相互补充的，从不同角度、不同方面论述了学习现象。生态化的观点为我们全面认识人类的学习现象提供了统整和开放的角度。我们希望通过生态化的观点来尽力涵盖各流派的学习理论，尽量揭示人类学习的不同侧面和层次。

生态学习观将学习理解为一个活动系统，学习者通过与环境进行积极、主动的互动，获得信息，加工信息，并借助有目的的反思，对环境所提供的给养进行调适。学习者处于含有真实任务的学习环境之中，在外部资源的支持下，借助反思去积极探索，完成这些真实任务，并在这个过程中，构建知识的意义，塑造具有主体性的自我。

生态学习观对学习现象的分析遵循以下原则。

(一)整体性原则

生态学习观将学习活动视为一个完整的生态系统。生态系统的首要特点就是生命系统，而生命的首要特征是自组织性。这意味着学习是一个有生命的自组织活动系统。生态学习观认为学习者在学习中要能够付出足够多的自我意识来组织自己的学习，能对学习过程做出更多的反思和关注，在这样的学习系统中所发生的学习是自然而真实的。要形成生态化的学习系统需要学习者组成学习群体，建立学习制度，自己协商分配角色，相互支持，相互教授，借助集体的力量实时实地地适应系统内外的各种变化，使学习活动系统从混沌走向有序。

整体性原则还意味着学习这一生态系统是由多种因素构成的。有人的因素，包括学习个体和学习群体；有物的因素，包括各种工具、语言等；还有环境因素，包括罪责和方法等。这些因素之间相互作用，形成一个完整的整体，而要产生良好的学习效果，则需要所有因素的积极参与。

(二)适应性原则

生态还意味着适应。吉布森提出，学习的分析单位是行动者与环境的交互，学习是意图驱动行动者(自组织系统)与信息丰富的环境动态交互的结果。吉布森将环境对有机体行为的影响称为"给养"，而将学习者从环境中获得给养的能力称为"效能"。因此，学习者和学习环境是互动和互惠的，学习者在学习意图的驱动下与环境产生互动，其自身特征和能力准备决定其是否能获得环境为其提供的学习信息；而作为一个设计良好的学习环境，应该能适应每一个处于发展中的学习者的特点，做出富有弹性的变化，以便为学习者提供适宜的给养。从教学的角度看，生态学角度的教学环境设计应考虑不同学习者的特征，为不同学习者提供适应其特点的学习环境。例如，提供多种表征形式，以适应不同学习者的认知风格；进行多层次的活动设计，以支持不同水平的学习者的学习；呈现真实的问题解决途径，以鼓励学习者应用所学。

(三)多样性原则

生态系统的另一个显著特征是物种的多元共生，即一个生态系统是由多样和丰富的物种共同构成的。以此角度来看人类的学习，即人类的学习生态应当是多元的、异质的学习主体平等地在一个共同体中，通过活动相互关联。认知分布理论认为，认知分布于人类所存在的文化历史中，每一个人都储存了人类文化或记忆的一部分，因此学习是多元个体相互协商、相互合作的过程，个体所获得的意义并非由个体独自完成，而是通过社会协商、合作来实现的。学习共同体是由多样的要素构成的，包括个体、群体、个体间的话语、社会关系、目标任务、人工制品及理论方法等。

(四)互动性原则

生态学的前提是自然界所有的东西都联系在一起，因此生态学强调自然界相互作用的过程是第一位的，所有的部分与其他部分以及整体相互依赖，相互作用。生态共同体的每一部分、每一个小环境都与周围的生态系统处于动态联系之中。不同性质的生态系统交接重合，交接的边缘地带存在多种交互作用，这种交互作用有利于提高物种的活动强度和生产力，并使物种获得更多的能量和给养。生态学习观也认为，学习者是社会性的人，需要与外界进行信息、资源等多方面的积极互动，这种互动就是学习。因此，生态学习观中的学习是发生在学习者与学习环境之间的，既包括物质环境，也包括人际环境。

三、各流派学习理论的生态化发展流变

纵观心理学学习理论的发展，其本身也呈现出生态化的倾向，不断地向整体性、适应性、多样性和互动性的方向发展。

第一个系统的心理学学习理论是行为主义流派的学习理论。行为主义流派的学者将学习看作刺激与反应的联结，认为万事万物的学习都可以简化为一个核心，即如何在刺激和反应之间建立联结。这些联结又组成新的联结，构成人类所习得的全部经验。在这个学习的过程中，学习者是完全被动的，只要设定好强化的条件，出现什么刺激，就能让学习者习得什么样的反应。学习者习得的刺激与反应之间的联结很多是碎片化、不成系统的，学习者对环境不造成影响，环境也不需要适切学习者的特点，不需要提供满足不同学习者学习需求的环境刺激。整体性、适应性、多

样性和互动性是教育生态化发展的特点，而作为一个整体的生态系统，是一个自组织的、主动的生命系统，被动的、碎片化的、无互动的、单一主体的行为主义学习理论显然是不生态的学习理论，无法反映复杂系统下的复杂学习行为。但行为主义学习理论在解释人类最基本的学习行为和最简单的学习机制方面有基础性的意义。

行为主义流派的学习理论只关注学习者所习得的外在行为，对无行为的意识层面的学习完全没有涉及。针对行为主义流派的弊端，认知主义流派的学习理论逐渐兴起。最早的认知主义学习理论是格式塔学派的理论，其强调学习者认知结构的完整性，强调学习者通过顿悟形成了刺激与行为反应之间的认知结构。随后出现的布鲁纳和奥苏伯尔的认知心理学认为，学习就是通过个体发现学习或者有意义地接受学习完成对外部完整知识结构的平移和复制的。随着 20 世纪 80 年代信息时代的到来，模仿计算机处理信息的过程，加涅（R. M. Gagne）提出了学习的信息加工模型。该模型将学习行为看作信息存储和提取的过程，而加工这些信息则需要感受器、感觉登记器、短时记忆、长时记忆、反应发生器、反应器一系列的信息处理结构，同时还受到控制系统和预期系统的影响，因此加工信息是一个系统的工程，需要不同部分之间的协同工作。综上所述，认知主义流派的学习理论是一个整体性的学习理论，强调人内部意识的主观变化，强调系统，强调整体，在生态化的道路上前进了一步。同时，认知主义学习理论仍然是一个学习者被动接受学习的理论，认知主义者仍然认为有一个先于学习者存在的客观的知识体系，而学习者所做的就是将这个知识体系尽可能信息无损地复刻，而并不强调在这个复刻过程中，学习者个体的主动性、学习知识之间的互动性以及学习环境的多样性。

建构主义学习理论深入每个个体的学习过程，考虑学习个体的特点、学习过程中的多种影响因素，以及学习环境的丰富多样，重新定义了知识、学习者和学习。知识并非一种先验的存在，而是受到个体原有经验的影响，处于不断变化和发展中。学习者也非头脑空空的，而是带有自身生命经验的独特个体，无论学习者对所学知识是否熟悉，原有经验都将对知识的学习产生影响；学习者不是被动地复制知识，而是主动地与环境中的物体和人进行积极的互动，逐渐地把知识建构起来。建构主义学习理论是一个动态的、发展的理论，认为在学习过程中的各个因素，如学习者原有经验、知识的呈现形式、知识的呈现环境会相互作用影响学习过程，而学习者处于最近发展区时，最容易学会新知识。因此，我们可以看到，建构主义学习理论主张一种动态的学习观，认为学习者和学习环境通过互动共同对学习过程造成影响，而环境中的刺激只有处于学习者最近发展区时，才是适宜的环境刺激，这与生态学习观的适应性原则一致。此外，教育环境要多提供这种既与学习者原有经验相关又略高于学习者原有经验的刺激，尤其是相关的社会文化刺激。学习者与周围的环境、包括人在内的不同社会主体进行广泛的社交和合作，学习才会更加有效，这符合生态学习观的多样性原则。

虽然现有的心理学的学习理论呈现出生态化发展的趋势，但只是呈现出某些生态学习的特点，并非完整的生态学习。生态学习观认为，作为主体的学习者通过与学习环境产生积极的互动来进行学习，而不仅仅是汲取、存储和再现信息的信息加工机器，这一点与信息加工理论不同。生态学习观强调个体在学习过程中与共同体相互贡献和相互塑造，而不仅仅是社会文化环境下的被塑造者，这一点与社会文化的建构主义理论不同。

第二节　生态化的成人学习理论的发展

本书关心的是教师学习，教师学习是一种成人学习，具有成人学习的特点。在发展时间线上，成人学习理论的发展晚于学习理论的发展，使得成人学习理论的提出会考虑现有学习理论的不足，从而更加完善一些。另外，成人与儿童不同，成人是因为自身的需要而学习的，没有专门的学习时间，很多情况下是在工作中学习的，因此成人的学习本身具有主动性和情境性的特点，这使得成人学习理论更加生态化一些。

一、成人学习理论的生态化取向

1968 年，诺尔斯（M. S. Knowles）提议用成人学习的"一个新标志和一种新技术"①，来使成人教育区别于成人前的学校教育，这标志着成人教育学的诞生，成人的学习开始有了自己独有的学习理论。

对于成人学习者，成人教育学理论提出了五个基本的假设：其一，成人有独立的自我概念，能知道自己的学习；其二，他们积累了许多生活经验，这些经验是学习的丰富资源；其三，成人的学习需求与变化的社会角色紧密相关；其四，成人以问题为中心学习，对可以立即应用的知识感兴趣；其五，成人的学习动机主要来自内部。自成人教育学诞生以来，不少研究者提出了适合成人特点的学习理论。

（一）自我导向学习

自我导向学习认为，在成人的生活中，学习广泛存在，是生活的一部分，成人学习是系统的，不一定依赖教师或教室。自我导向学习者将自我导向的发展当作学习的目的，将批判性反思看作学习过程的核心，把学习的目标定位在对社会的影响上。

自我导向学习是如何进行的呢？塔夫（A. Tough）和诺尔斯最早提出了一个线性模型，认为自我导向学习经历了从诊断需要到确认资源和教学计划，再到最后的结果评估四个阶段。丹尼斯（C. Danis）则提出，自我导向模型包括学习策略、学习阶段、学习内容、学习者、学习情境中的环境因素。这一模型既考虑了学习者，也考虑了学习情境。格罗（Grow）提出的自我导向阶段模型最为著名。他提出了一个用于区分被试在不同阶段的参考矩阵，学习者可以根据自己的学习准备情况，将自己置于一个合适的学习阶段，以适宜的方式开展自我导向学习，教师可以针对学习者所处的学习阶段，提供相匹配的指导策略。例如，一个依赖型的学习者需要更多介绍性的学习资料，喜欢听讲，需要训练和及时更正学习错误；而一个自我导向型的学习者可以沉浸在独立的项目中，更喜欢进行以学习者为主的讨论和发现型学习。

因此，自我导向学习首先要确定自我的学习水平，然后根据自己的学习水平和学习特点选择适合自己的学习内容，进行自我导向学习，不断循环前进。对自我导向能力的测量主要有两种工具：一种是测量学习者的准备度，另一种是测量学习者的人格特征。

---

① M. S. Knowles, "Andragogy, Not Pedagogy," *Adult Leadership*, 1968(10), p. 350.

(二)质变学习理论

大部分的学习是累积式的，是在已有的知识上添加新知识，这种学习被称为信息性学习。而成人的学习还存在一种类型，这种类型的学习改变的是人们看待自己或看待世界的方式，被称为质变学习。质变学习可能是一个逐渐发生的过程，也可能是因为某种突发性的、强烈的经验而引起的，质变学习"改变了我们获取知识的方式"①。

质变学习是如何进行的呢？麦基罗(J. Mezirow)提出的质变学习的理性认知理论②认为质变学习要赋予人力量，质变学习的知识不会等着学习者去发现，而要由学习者根据新的体验不断地阐释再阐释，从而创造出来。在不断阐释的过程中，赋予事物的意义会发生变化，并导致观点质变——一种更有囊括性、可辨别性、可渗透性和更统合的观点。在此过程中，学习者要不断地进行理性思考和反思。观点质变是由几个基本环节构成的循环过程。首先，开始于一种令人困惑的两难境地。其次，人们会进行批判性反思，会重新评价已有的关于自己和这个世界的一些设想。当人们意识到，事情不再和他们一直坚持的真理相一致时，观点质变就开始了。对信仰、价值等的反思，都可能导致观点质变或世界观的转变。再次，人们和其他人讨论他们的新观点以获得共鸣。最后，产生基于新观点的行动，即观点质变不仅要理解新观点，而且要实践新观点。

麦基罗相信认知冲突的解决会导致质变发生，而精神学派则认为心理冲突的解决才会导致质变发生。德克斯(J. M. Dirkx)认为，质变学习已经超越了以自我为基础的、以语词交流的理性方法，而转向了超理性的、以心灵为基础的学习，强调感觉和表象，并因此而导致了更深的自我理解和自我关注。③ 精神学派认为，知识并非通过批判性反思获得的，而是通过象征或符号获得的，质变是一个对自我从不同侧面加以整合的超理性过程。

---

① J. Mezirow, *Learning as Transformation: Critical Perspectives on a Theory in Progress*, San Francisco, Jossey-Bass, 2000, p. 33.

② J. Mezirow, *Transformative Dimensions of Adult Learning*, San Francisco, Jossey-Bass, 1991, p. 188.

③ J. M. Dirkx, "Transformative Learning Theory in the Practice of Adult Education: An Overview," *PAACE Journal of Lifelong Learning*, 1998(7), p. 1.

质变学习是一个具有个性化、流动性和循环性的学习，质变过程是一个与思想和感情有关的复杂过程。① 一个突发性事件或者一种混乱的两难境地并非偶然事件，而是一个长期积累的过程，可能是几个事件集中起来导致一个过程的发生。在质变学习的过程中，各种关系非常重要，质变学习本身不是独立行动的。情境和文化因素在质变学习的过程中的作用非常重要。

关于如何进行质变学习，有学者发现质变学习的理想条件和因素包括"一个安全的、开放的、信任的环境"②，它允许参与、合作、探索、批判性反思和反馈。在课堂上进行质变学习，教师要放弃一些权威，要了解学生的学习风格，以帮助他们更好地质疑教师的假设。比如，那些喜欢逻辑思考的学生，可能更喜欢用辩论来批判性地质疑假设，然而凭直觉行事的学生则依靠他们的预感和形象思维来质疑假设。在课堂上进行质变学习的方法包括：培养学生的团体主人翁精神和人人参与意识；教师要利用批判性反思和情感学习之间的相互关系来提高学生的质变学习，利用情感增强批判性反思的能力以及增加对批判性反思的正确认识；承载着价值判断的课程内容更有利于进行质变学习，因为这类课程会引发更多的批判性反思。

(三)非正式和偶发学习

成人的学习强调从生活经验中学习，因此常常是一种非正式、偶发的学习。非正式学习虽不是典型的基于课堂的、组织严密的学习，但有学习目的，学习的掌控权在成人学习者本人手中。偶发学习是某些活动的副产品，如完成任务的活动、人际交流的活动、感受组织文化的活动、正式学习的活动等，学习本身可能是默许的或者是无意识的。

马席克(V. J. Marsick)和沃尔浦(M. Volpe)总结了非正式和偶发学习的特征③：与日常生活融为一体，由内在或外在的触动引起，不是非常有意识的，受偶然因素影响，是反思和行动的归纳过程，与其他学习相关联。

---

① J. Mezirow, *Learning as Transformation: Critical Perspectives on a Theory in Progress*, San Francisco, Jossey-Bass, 2000, p. 55.

② E. W. Taylor & P. Cranton, *The Handbook of Transformative Learning: Theory, Research, and Practice*, Hoboken, John Wiley & Sons, 2012, p. 373.

③ V. J. Marsick & M. Volpe, "The Nature and Need for Informal Learning," *Advances in Developing Human Resources*, 1999(3), pp. 1-9.

马席克和沃特金斯(K. E. Watkins)于1990年提出了一个增强非正式和偶发学习的模型,如图2-2所示。

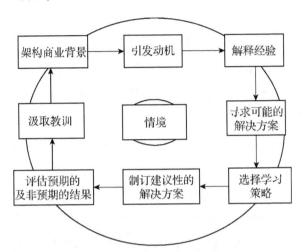

图 2-2　增强非正式和偶发学习的模型

图2-2中心的椭圆代表了学习的信念,说明学习是与日常生活情境联系在一起的。一种新的生活经历可能提供了一种挑战、一个亟待解决的问题,或者是一种对未来生活的憧憬。图外围的椭圆表示学习发生的情境,学习的个人、社会、经济及文化环境在影响人们解释、选择和采取行动方面发挥了关键作用。

这个模型描述了一个意义建构的过程。在实际生活中,人们常常在事过境迁后会重新反思,因此学习是一个往复的过程,当人们有了新的理解后,他们可能会回顾并重新解读事件。所以,虽然模型是环式的,但步骤间既不是线性的,也不是按部就班的。

这个增强非正式和偶发学习的模型的基本结构是解释、选择和采取行动。人们通过解释某个特定情境,来获得对问题的理解。情境可能很简单,是熟悉的人或日常,也可能很复杂。解释情境后,学习者根据解释做出行动选择。行动选择受到学习者任务解决能力的影响,如果解决方案需要新的技能,学习者就得去学,就会发生非正式和偶发学习。采取行动后,学习者就可以评估结果,确定行动是否符合他们的预期。对结果的评估可以使学习者从中获得经验、教训。这些结果又成为学习者在新情境中理解事物的框架,使学习者回到模型循环的起点。

（四）基于情境的成人学习

成人学习是在某种情境下发生的，工具、情境、人际交往三者相互交流。

情境认知的核心观点是学习本质上具有社会性。成人学习者之间的交往、交往时所使用的工具、活动本身以及活动所发生的社会背景形成了学习。莱夫（J. Lave）对成人如何在真实世界中，如超市，使用数学这个问题进行了研究。① 她观察和采访了那些在学校学习了计算的成人，在真实世界的超市购物时，如何运用相同的数学公式进行计算。结果发现，超市以及成人与其他购物者或店员的相互交流成了成人学习的社会环境。莱夫指出，仅仅将情境加入学习经验中并不够，更重要的是要在社会实践中处理好人、工具、活动的关系。② 换句话说，存在社会关系及工具的现实社会情境是最好的学习环境。

从情境的视角来看，当人们参与并密切地介入一个社群或者某种学习文化，与社群中的其他成员进行交流，并开始学会理解和参与形成社群的历史及其文化价值观和规则的时候，人们就是在学习。其中的两种理论——认知学徒制和实践性社群，提供了基于情境的成人学习的基本概念和工具。

1. 认知学徒制

罗格夫（B. Rogoff）认为，学习包括个人的发展、个人间的发展以及社群的发展。这些阶段不一定是连续的，从某种程度上说，它们之间是流动的，因为人们可以在不同阶段之间移动。③ 在这些水平上，有一种学习机制是认知学徒制。有学者提出了成人教育中认知学徒制的五个阶段：模仿、接近、减退、自我导向学习和概括。④ 模仿由行为模仿和认知模仿两部分组成。行为模仿是学习者观察团体中有经验的成员活动时的行为，认知模仿是有经验的成员与新成员共享"工作秘诀"。接

---

① J. Lave, *Cognition in Practice: Mind, Mathematics and Culture in Everyday Life*, Cambridge, Cambridge University Press, 1988, p. 137.

② S. Chaiklin & J. Lave, *Understanding Practice: Perspectives on Activity and Context*, Cambridge, Cambridge University Press, 1996, p. 211.

③ B. Rogoff, *Apprenticeship in Thinking: Cognitive Development in Social Context*, New York, Oxford University Press, 1990, p. 23.

④ A. Collins, J. S. Brown & A. Holum, "Cognitive Apprenticeship: Making Thinking Visible," *American Educator*, 1991(3), pp. 6-11.

近是学习者尝试某种活动，但同时要清楚说明自己的计划、做活动的想法与原因等，活动后还要进行反思。在这个阶段，学习者能接近真正的经验，获得支持或其他辅助的手段，如物质性的帮助、模仿性的任务等。在减退阶段，支持和其他辅助的手段逐步减少，学习者的能力则逐步增强。在自我导向学习阶段，学习者真正进入实践学习，将模仿所得经验用于工作中。在最后的概括阶段，学习者通过讨论总结自己所学，并进行反思。

2. 实践性社群

实践性社群是一种自发组织的非正规团体，在其中，人们有共同的目的，有相同的学习愿望，彼此了解。温格(E. Wenger)将实践性社群中的关系维度描述为以下几个概念。①

第一，成员的互相约定。参与者因为他们所做的事情而联结成一个社会实体，并制定一些基本规则。

第二，共同的事业。集体协商，共同确定想做的事情及如何去做。

第三，公共资源的全部共享。属于实践性社群的资源包括语言、工具、做事的方法、故事、手势、符号、风格、行动或概念等，它们是在实践过程中形成或被认可的，并成为社群的一部分。

例如，一个写作教学的实践性社群是由一些在写作方面教学水平很高的教师和教写作的新教师组成的。大家在社群里分享着共同的兴趣，共同分析好的教学是如何开展的，分享写作作业，分享其他班级的指导原则、工具等。通过社群里的共享，新教师提高了写作教学的实践能力。

二、成人学习理论的生态化解析

与经典的心理学学习理论相比，成人学习理论整体呈现出很明显的个体性和情境性特点。无论是自我导向学习、质变学习，还是非正式和偶发学习、基于情境的成人学习，成人学习并非系统地学习人类的文化知识，而是由于工作或生活的需

---

① E. Wenger, *Communities of Practice: Learning, Meaning and Identity*, Cambridge, Cambridge University Press, 1998, p. 83.

要，常常与自己的实践所需结合起来，呈现出主体与客体相互交融、量变与质变交替进行、小情境与大环境融合渗透的复杂特点，愈加显现生态化的特点。

从生态学习观的角度出发，学习活动就是一个自组织的完整生态系统，就如同生物个体会自主选择对自己最有利的生存环境和生存条件一样，学习者也有足够多的自我意识来组织自己的学习。在自我导向的成人学习理论中，学习的发起者、选择者、推动者和评价者以及之后的获益者都是学习者自己。从一开始确定学习计划到后来的讨论、评估和总结，这些都由学习者自己来确定自己现在处于哪个学习阶段、自身的学习水平是什么、适合采用什么样的学习方法、学习哪些内容，学习过程也完全由学习者自己组织，循环前进，获得成长，如同一个生物个体不断地从环境中汲取营养，不断成长。

质变学习理论强调融合性和突破性的学习，学习的过程不光是一个信息逐步积累的过程。学习是由于某个突然发生的事件或者环境中出现了两难的困境，学习者通过对现有知识体系不断地进行讨论和阐述，不断地进行批判和反思，在情感、情境的共同作用下，突然获得了一个创新性的、囊括性的、更加统合的新观点。这与生态系统的突变非常相似。某一物种由于环境的变化产生了生存的困境，变得不适应环境，而这一物种中的少数个体可能在面临困境时，发生了基因突变，产生了一个新的生物形态，实现了对环境的再次适应，就如同在非洲大草原食物短缺时，脖子变长的鹿科动物能吃到高处的树叶，而在环境中幸存下来一样。质变学习理论反映了生态学习观的整体性原则。质变学习是有生命特点的学习，学习本身是自身对环境的适应，质变学习通过学习者对环境信息积极、主动的理解和批判来实现。同时，质变学习也反映了生态学习观的互动性原则，质变学习是在环境中出现新的难以解决的学习问题时，学习者与环境中的多个因素互动，产生新的观点。

非正式和偶发学习反映了学习环境的复杂性以及学习的随机性。由于成人有自己的工作，因此不能抽出很多时间来单独学习某一项新的技能，其学习都是与自己的工作和生活的实际需要相联系的，是为解决某一问题而进行的非正式的、偶发的学习。引发学习者学习的因素以及学习者的学习方式是多样的。非正式和偶发学习反映了学习这个生态系统多样性的特点。生态系统的特征是物种的多元共生，人类的学习生态也是多元的，其中引发学习、推动学习的因素就是多元系统中随机的某一个部分。

　　情境认知学习也有成人学习的特点。成人是高度社会化的，成人的工作和生活无处不与其他人打交道，而情境认知学习的重要特点就是社交性。基于情境的成人学习是通过与他人互动和交流而产生学习的，其中两种主要的理论——认知学徒制和实践性社群都呈现了成人在与他人进行社会交往时的学习。认知学徒制是成人通过观察、模仿有经验的成员以及与他们进行关于活动内容的交流逐渐学会某项技能的，而实践性社群则是有共同兴趣、共同任务的人在一起通过共同协商、相互分享，取得在相同任务上能力的进步。这一学习原理与生态学习观的适应性原则相适应，这种适应是学习者这一行动主体与环境互动，主动从环境中汲取营养的过程。情境认知理论认为学习是工具、情境、人际交往三者相互作用的结果，是行动者与环境这一主客体相互作用的适应性过程。在这一过程中，学习者和环境中的人、工具等多个客体形成共同的学习整体，相互作用，体现了生态学习观的整体性、多样性和互动性原则。

第三节　生态化成人学习理论对教师学习的指导

　　教师的传统角色是知识的传递者，向学生传道授业解惑。然而，随着信息时代的到来，知识的获取已经变得十分便利，教师仅仅传递知识，并不足以帮助学生适应飞速发展的时代。启发学生思考、训练学生思维、培养学生独立人格和创新能力是新时代赋予教师的新使命，而教师要完成这一使命，就需要积极学习和不断进取。因此，在教师教育方面，终身教育、终身学习的理念越来越为教育者所提倡，倡导自主性的生态化学习理念在讨论教师学习的主题上也具有广泛的意义。教师也是成年人，教师学习在更多情况下是在做好教书育人的实践工作的同时进行的，其学习特点也十分符合成人学习的特点，对教师学习进行生态化的解读也更加符合教师这一群体的学习特点。

一、中外教师学习研究进展

(一)国内教师学习研究进展

首先，我们来明确教师学习的内涵。我国研究者认为，教师学习一般是一种经验性的学习，通过经验建构个人教育知识，学会教学[①]；教师学习主要指一定人为努力或外部干预下的教师专业知识、能力的生长变化，是教师可持续专业发展的前提和基础[②]；教师学习是指教师在外部环境的支持下主动寻求自身整体素质的提升，持续追求专业发展和个人发展相互统一的整体性活动[③]；教师学习是教师群体学习文化的建构和发展，本质上是合作的、共同的、探究的学习氛围的营造和基于组织的学习行动的自发与自主[④]；教师学习是多元的，具有建构性的学习过程、参与式的学习方式、理解性的学习结果[⑤]；教师学习主要针对在职教师，既包括学习的内容和领域，也包括学习的途径和方法，还包括学习后知识、能力、观念和态度的转变，是一个教师主动参与和自我更新的过程。[⑥]

关于教师学习的意义，国内的研究走过了教师培训—教师教育—教师学习的演变之路，并认为教师学习是当代教师教育发展的逻辑走向。[⑦] 教师学习研究的路径演变可以说明我国教师学习研究方向的转变。教师学习突出了教师的主动性、日常性以及知识的内生性[⑧]，教师的培养渠道开始由单一封闭转向多元开放，培养过程由职前培养转向终身发展，培养方向由教学技术人员转向反思型教学专家。[⑨]

那么，由教师教育转向而来的教师学习具有什么样的特点呢？研究者认为，教

---

① 参见陈振华：《论教师的经验性学习》，载《华东师范大学学报（教育科学版）》，2003(3)。

② 参见刘学惠、申继亮：《教师学习的分析维度与研究现状》，载《全球教育展望》，2006(8)。

③ 参见孙传远：《教师学习：期望与现实——以上海中小学教师为例》，博士学位论文，上海师范大学，2010。

④ 参见朱益明：《教师培训的教育学研究》，博士学位论文，华东师范大学，2004。

⑤ 参见王丽华：《教师学习的内涵及对教师教育的启示》，载《浙江教育学院学报》，2007(3)。

⑥ 参见杨骞、溪海燕：《教师学习的应然分析》，载《新课程研究（教师教育）》，2007(10)。

⑦ 参见樊香兰、孟旭：《逻辑与走向：当代教师教育道路的演变》，载《教育研究》，2009(10)。

⑧ 参见毛齐明：《国外"教师学习"研究领域的兴起与发展》，载《全球教育展望》，2010 (1)。

⑨ 参见钟启泉：《教育的挑战》，151页，上海，华东师范大学出版社，2008。

师学习是以问题解决为基点的行动学习，是在日常的教育教学过程中进行的，是基于专业成长的自我导向学习①，是以教师群体为基础的合作学习②，是一个即学即用、持续不断、永无止境、不断超越自我的过程。教师学习的主要内容涉及五个方面：备课所需教材和教参，涉及学历升级和在职培训相关考试的知识，教学、课堂中所涉及的教研问题，提升自己或自己感兴趣的阅读内容，撰写论文或著作的写作内容。教师的学习方式，从教师学习策略结构维度来看，是由反思实践、专业对话、阅读规划、观摩学习、拜师学艺、记录研思、批判性思维其中具体的学习行为构成的③；从现实考察的角度来看，主要包括在亲身教学实践中学习、同伴交流协作学习、短期培训学习、文本阅读学习、网络学习、研究生课程学习、观摩课学习、文体中心学习、读书讨论汇报学习、教研组研讨、教师行动研究、正式职业之外的学习等④；还有研究者将教师的学习分为基于个人专业自主发展的研修学习、基于同伴互助共同发展的研修学习、基于教师与专家互动交流的研修学习。

(二)国外教师学习研究进展

教师学习是西方教育研究中充满活力的一个理论，美、英、加、澳对教师学习这一主题有大量的研究。

教师学习的研究最早兴起于美国。美国学者泰勒(E. W. Taylor)指出："未来的在职培训将不被看作'造就'教师，而是帮助、支持和鼓励每个教师发展自己所看重、所希望增加的教学能力。占指导地位的、被普遍认可的精神，将是把学习放在最重要的地位。"⑤ 1991 年，美国"全国教师学习研究中心"副主任肯尼迪(M. M. Kennedy)提出要界定"教师学习"这一新的词语，相比于通过正规途径进行学历式的教师教育，美国的教师学习研究更加关注以教师所在学校为基础的校本学

---

① 参见李志凯：《浅谈教师学习的性质和特征》，载《科教文汇》，2009(2)。
② 参见肖正德：《促进生态取向教师学习方式的变革》，载《中国教育报》，2010-05-14。
③ 参见张敏：《教师学习的理论与实证研究》，10 页，杭州，浙江大学出版社，2008。
④ 参见孙传远：《教师学习：期望与现实——以上海中小学教师为例》，博士学位论文，上海师范大学，2010。
⑤ E. W. Taylor, "Building upon the Theoretical Debate: A Critical Review of the Empirical Studies of Mezirow's Transformative Learning Theory," *Adult Education Quarterly*, 1997(1), p. 34.

习及多种教学情境的工作式学习。① 美国教师的学习方式主要有研究、实践、反思、与其他教师合作、观察学生活动、分享式讨论、大学与中小学合作式的校本学习等，学习的场所主要是各个高校的教育学院、提供研究和探究机会及场所的中小学或教师专业发展学校、教学医院等。在美国，希望从事教师职业的学生在成为教师前要进行为期一年的实习，由教学实践基地（一般是专业发展学校）的校长、指导教师和合作方的教师帮助、指导和评价这些学生；教学医院则承担推广教师专业发展的工作，支持教师合作式的研究和探讨，引发理论与实践摩擦而生成更有用的知识，鼓励教师尝试有教学艺术和风格的实践，进行新专业的培训等。

1986年，美国提出了"教学专业化"的概念，提倡教师教育由训练模式走向开发模式，关注教师潜能的开发，促进教师职前培养和职后进修一体化，强调教师可以通过多种途径进行学习，如教师联合会议、小组学习、远距离学习、兴趣课程学习等。② 1998年，美国发表《变化中的工作，变化中的学习：工作场所和社区中教师学习的必要性》报告。该报告指出，在工作场所和社区背景下的教师学习是专业发展计划中所必需的，其目的是提供真实的学习经验，并主张在工作中学习，以案例为内容。该报告还进一步指出，面向21世纪的教师学习，应该立足于以工作为本的学习，能够在学习和探究中遵循一定的原则，构建自己的教学案例，从自己的学科专业、教学知识、角色反思和交往沟通中进行学习。③

教师学习也同样受到英国教师教育研究者的关注。英国研究者深受维果茨基社会文化活动理论的影响，形成了以资源型学习为特点的教师学习形式。资源型学习强调资源和智慧两个方面，即教师作为学习者要有资源意识，并具有利用这些资源来理解情境、做出智慧型反应的能力。英国的教师教育委员会提出，要加强中小学教师与大学教师之间的学术联系和交流，并促进中小学教师参与学术研究活动，使中小学教师在教科研活动中提高教学能力。

近年来，加拿大哥伦比亚大学出现了以复杂思维为导向的教师学习研究模式，开展了名为"共同体-探究型教师教育"的团队学习，提出了有关教师学习的六大命

① 参见李志厚：《西方国家教师学习研究动态及其启示》，载《外国教育研究》，2005(8)。
② 参见蒋茵：《国外教师专业发展的新范式及其对中国的启示》，载《全球教育展望》，2005(9)。
③ 参见李志厚：《西方国家教师学习研究动态及其启示》，载《外国教育研究》，2005(8)。

题：其一，允许即兴创作，探索能导致创造性涌现的差异；其二，阐述未知的东西，通过反思发觉潜在的可知空间；其三，享受不确定性，正视问题解决中的不确定性；其四，关注既定情境中各种可能性的相互作用，充分认识学习环境；其五，重视慢速教学过程中的可能性，让学习系统中的教育成分发挥出来；其六，注重团队认知，发挥集体认知相对于个体认知的优势。① 戴维斯（B. Davis）认为，"复杂系统就是学习系统，就是学习者"，"学习是一个非线性的、系统进化的过程"，因此学习具有"非线性、自组织、涌现、互相嵌套"等特点。② 上述六大命题与复杂学习的特点是一致的。加拿大研究者还关注在学校变革背景下的教师学习研究，开展了长达数年的由大学和中小学共同参与的学习共同体研究项目，涉及 500 多所中小学和 13700 多名教师。该研究重视教师的日常学习，重视合作文化，重视通过"教师作为学习者"这一框架把课堂变革与学校变革结合起来，关注教师的技术、反思、研究和合作，关注教师教学经验的提升和一般能力的培养。

在澳大利亚，霍伯恩（G. F. Hoben）提出了关于教师学习较为系统的理论，主张从关系入手，以"关系行动中的个体"为分析单位，注重个人、社会和情境条件之间的关系。霍伯恩指出，有效的教师学习要满足三个条件：一是不同学习条件之间相互联系，以产生一个学习系统，教师要了解自己的实践、分享同伴的观点、体验自己的教学、寻找拓展自己思想的外来观念、从学生那里获取反馈；二是教师需要把教学当作一种能够促使自己动态理解实践的艺术或专业；三是学校要以课程表的形式把以上条件发挥作用的时间规定下来，以建立起教师长期学习的框架。③

二、生态化成人学习理论对教师学习的相关理论和实践的影响

成人学习的特点与在校学生学习的特点有显著的不同，因此有其独特的成人学习理论。虽然教师学习作为成人学习的一种分型，并未形成比较系统的、影响力比

---

① A. Clarke，G. Erickson & S. Collins，et al.，"Complexity Science and Cohorts in Teacher Education," *Studying Teacher Education*，2005(2)，pp. 159-177.

② B. Davis，D. Sumara & R. Luce-Kapler，*Engaging Minds*：*Changing Teaching in Complex Times*，New York，Routledge，2008，p. 78.

③ 参见毛齐明：《国外"教师学习"研究领域的兴起与发展》，载《全球教育展望》，2010(1)。

较大的教师学习理论，但受到成人学习理论的影响，表现出一种生态化的倾向，形成了各种生态化倾向的教师学习模式，表现出自我主导式的适应性，以及实践化取向的多样性、合作性和互动性，使得教师的学习与教师的工作内容和工作环境融合为统一的整体。

我国的教师学习研究经历了教师培训—教师教育—教师学习的演变之路，这一变化呈现了发起教师学习活动主体的变化。在教师培训和教师教育的语境中，教师是受教育的一方，是有人要教师学习，意味着教师被动接受新知识、新技能，忽视了教师学习的自主性。成人教育中很重要的学习理论即自我导向学习。成人学习者是自己评估自己的学习水平，根据自己的学习水平选择学习阶段，自己推动学习进程，进而获取知识和技能的。当教师学习研究从教师培训、教师教育转向教师学习之后，学习的主体转变为教师本人，学习成为一种自我导向的成人学习。美国学者古德莱德(J. Goodlad)指出，教师倾向于在学习上自我知道并做出自己的选择，对教师学习的这种认识确立了教师的主体地位和主动学习的特点。① 教师学习的自我导向性促进教师学习产生了良好的效果，因为只有教师本人才能更清楚地意识到自己的学习需求，才能敏锐地捕获最有益的学习资源，才能选择最适合自己的学习方式，才能吸收最有用的学习内容，才能做出最适切的学习反思。

几十年来，中外教师学习都呈现出一种实践化的倾向，而教师学习研究的发展也经历了从知识取向到实践取向的转变。20世纪70年代以后，认知主义成了心理学和教育心理学的主导范式，教师学习研究也走向认知主义取向，此时的教师学习被看作教师获取教育相关知识的过程，主要涉及教师教学的专业知识。② 但教师对这些知识的学习脱离使用情境，将学习简化为外部客观知识的内化。这种认知主义取向的教师学习将学习内容简化为教育学理论，将教师学习方式简化为听讲座、参加新理论研讨班，而忽视了教育实践中广泛存在的学习资源和多种有效方式。

20世纪80年代以后，随着学习理论的更新，以维果茨基的社会文化历史理论为基础的建构主义理论兴起。在成人学习方面，莱夫等人提出了情境学习理论以及非正式和偶发学习理论等成人学习理论，教师学习的研究走向以经验为本、从实践

---

① 参见王建军：《学校转型中的教师发展》，33页，北京，教育科学出版社，2008。
② R. K. Sawyer, *The Cambridge Handbook of the Learning Sciences*, Cambridge, Cambridge University Press, 2006, p. 536.

中学习的理论取向。情境学习理论认为，学习不只是个体内部的认知活动，还涉及个体与群体进行社交互动的外部实践活动，"学习是栖居世界中具有能动性的整个社会实践的一部分"①，也就是说学习就是实践。非正式和偶发学习理论也认为，学习不光是基于课堂的、组织严密的学习，而且是在日常生活中，从事某些工作时，完成某些挑战性任务时，解决某个实际问题时，在具体的情境中实现的意义建构、经验迭代和知识升级。当经典学习理论和成人学习理论都呈现出一种实践取向的转变时，受到它们的影响，教师学习研究也呈现出实践取向的转变。

在学校中，长期存在的师徒制、经验反思等教师学习的形式，都是教师学习实践取向的现实表现。实践取向研究者认为，教师学习是教师在不断参与教育实践的过程中，逐步实现对现在知识的领悟和对后续经验的反思的过程，从而达到了对教育学知识丰富而具体的理解。不少研究者提出了实践取向教师学习理论。卡尔豪恩（Calhoun）和乔伊斯（Joyce）提出了一种以教师为中心的校本学习方式，强调教师学习是一个共享经验的过程，教师学习是立足于教育现场的经验交流。而英国学者安妮·爱德华兹（Anne Edwards）和哈里·丹尼尔（Harry Daniel）等人基于维果茨基的社会文化历史理论，建立了资源型学习的教师学习形式，认为作为学习者的教师要有资源意识，能解读资源并做出智慧型反应，能改造学校情境、理解学校情境所蕴含的意义。此外，英乔斯姆（Yrjo Engestrom）在芬兰建构了拓展型学习的教师学习形式，强调存在于个体和社会情境之间的动态关系，强调改变实践和重构活动的能力。

三、生态学习观建构：一种审视教师学习的新视角

随着教师学习研究的深入发展，教师学习呈现出一种生态化的理论取向，在教师学习的语境中，我们有必要构建一种生态学习观，以一种崭新的视角来审视教师学习。

无论是认知取向还是实践取向的教师学习，其实只解释了教师学习现象的某个侧面。而认知与实践也并非对立的，事实上二者是相辅相成的，因此，无论是认知

---

① ［美］J. 莱夫、［美］E. 温格：《情景学习：合法的边缘性参与》，王文静译，5 页，上海，华东师范大学出版社，2004。

取向还是实践取向都陷于片面的非此即彼的理论困境之中。我们纵观中外教师学习的理论和实践的发展可以看到，无论是教师学习的理念、制度，还是内容和方法，都呈现出多元、融合、动态的趋势。那么，是否有更加融合、更加整体、更加多元的研究视角来解释教师学习理论进展的新方向呢？1976 年，美国教育学家克雷明提出了教育生态学的概念，倡导运用生态学的系统观、平衡观、联系观和动态观来考察教育问题。① 其后，在众多研究者的推动下，运用生态学观点分析教育现象的文献越来越多，生态学习观在教育和学习领域逐步建立起来，研究者也开始运用生态学习观来审视教师学习。

教师学习这一研究概念的提出，就说明教育界将教师专业发展的主动权交到了教师本人手中，将教师学习看作教师在外部支持下主动寻求自身整体素质的提升、持续追求专业发展和个人发展相互统一的整体性活动。② 西方各国也将教师学习看作支持每个教师发展他所看重的教学能力的过程。这些研究的取向都体现了生态学习观的整体性原则。整体性原则将学习活动看作一个完整的生态系统，这一系统的首要特点是具有自组织性，生命的自我成长是生态系统的终极目标，这种成长具有生命的自发性特点。因此，生态化的教师学习是以教师的生命成长为宗旨的，是接续教师生命的活动，是教师生命的自我更新。而教师本人是自身生命成长的发起者和主控人，教师自主地进行学习，自主地探测学习资源，自主地选择学习方式，自主地理解学习内容，自主地进行批判和反思。

吉布森提出，在生态学习观中，环境会为学习者提供不同类型的学习机会，学习者根据自己的特点用自己喜欢的方式从环境中获取所需。近年来的教师学习理论和实践的发展就呈现出这样一种适应性的学习倾向。从环境角度，研究者倡导多种学习资源、多个学习场所的教师教育形式，如美国为教师学习提供了高校的教育学院、中小学、教师专业发展学校或者教学医院等；从教师主体角度，研究者提出了很多教师学习的方式，如美国的教师可以通过教师联合会议、小组学习、远距离学习、兴趣课程学习等方式来学习③，我国的教师学习方式也有反思实践、专业对

---

① 参见范国睿：《教育生态学》，27 页，北京，人民教育出版社，2000。

② 参见孙传远：《教师学习：期望与现实——以上海中小学教师为例》，博士学位论文，上海师范大学，2010。

③ 参见蒋茵：《国外教师专业发展的新范式及其对中国的启示》，载《全球教育展望》，2005(9)。

话、阅读规划、观摩学习、拜师学艺、记录研思等。① 生态化取向的学习是贴近学习者现状、满足学习者需要、实现学习者就近发展的适切性学习，也体现出学习者的能动性，体现出学习者对环境的主动适应，使学习者善于利用环境中的一切有益因素来提升自己。此外，多样化也是生态系统的重要特点，是生态学习观发展的重要表现。

教师学习还呈现出日益现场化、情境化的特点，中外研究都提出，教师学习是以问题解决为基点，在日常的教育过程中进行的。师徒制、校本教研、现场教学这样一些学习机制长期存在于我国的教师学习中。这些学习机制强调教师学习的情境，强调学习者与环境的互动，强调学习共同体，支持教师合作时的研究和探讨，都凸显了教师学习的新特点，即教师学习过程中多个元素的互动。美国学者麦茜特（C. Merchant）指出，生态学的前提是自然界的所有东西是联系在一起的，强调自然界的相互作用过程是第一位的。② 生态学的研究表明，相互接触与互动是生态系统得以存在和发展的基本方式。教师需要经由与外界进行信息、资源等多方面的积极互动来提升自己，实现发展。情境式的学习，如现场教学、社群学习（共同体学习）、教研组活动等都是互动性的学习生态的现实表现。从生态学的角度来看，完全孤立的个体自我实现并不存在，因为个体总要从外部接受自身所需要的事物，在个体自我实现的同时，超越个体的外部系统也被实现。教师在这样的学习过程中，与多个环境因素进行主动的互动，从环境中汲取自身所需的营养，在教师集体中互相交流、取长补短，最终不但实现了自身教学能力的提升，而且成就了集体中的他人。

---

① 参见张敏：《教师学习策略结构研究》，载《教育研究》，2008（6）。
② 参见［美］卡洛琳·麦茜特：《自然之死——妇女、生态和科学革命》，吴国盛、吴小英、曹南燕等译，5页，长春，吉林人民出版社，1999。

第三章
混合式学习发展及教师混合式学习的现状、展望

第一节　混合式学习的发展

当今时代，知识体系外延的迅速拓展和边界的日益模糊，教师个体化学习和个性化发展需求呼唤着混合式学习。厘清混合式学习的发展历程，再认识和再理解混合式学习的内涵及特征，是寻找影响教师学习的现实因素及寻求促进教师有效学习现实途径的必由之路。混合式学习包含五个维度，即面对面学习和在线学习的混合，自定内容学习和小组协作学习的混合，结构化课程和非结构化课程的混合，深度学习和个性化学习的混合以及工作和学习的混合。本节讨论的教师学习的混合主要是学习方式上的混合。

混合式学习并不是一个新名词，在传统教学中早已存在。混合式学习原意是指在传统的课堂教学中，除了使用各种基于教室的学习形式外，还结合其他多种学习方式进行学习。在我国教育技术发展中，华南师范大学李克东教授和谢幼如教授合编的《多媒体组合教学设计》主张在教学中将多种教学媒体进行优化组合，充分发挥各种媒体的优势，以求教学效果的最优化，这就体现了混合的思想。进入 21 世纪，随着互联网和在线学习的发展，使用包括多种传输方式的混合式学习模式成为研究热点。2002 年，印度 NIIT 公司发表的《混合式学习白皮书》把混合式学习定义为面对面学习、实时在线学习和自定步调学习相结合的学习。此定义一经提出，众多学者和研究机构纷纷开展相关实验和研究，以期对混合式学习进行较为科学的界定。

以教学时空的分离和作为隐形变量的教学媒介为视点，时空分离的学习形式实际上是技术与教学活动相结合的产物，其发展与信息技术的更新及在教学领域的运用和融合同频共振。①

---

① 参见李森、高静：《在线教学的发展历程、内涵特征及质量监测》，载《课程·教材·教法》，2020(11)。

本节以基于印刷术的函授学习和远程学习为起点，以信息技术的迭代及融合下的学习形式为依据，从宏观层面对混合式学习的发展，特别是对在线学习的发展进行回顾。混合式学习是随着时空分离的不同学习形式的变化而发展的（图3-1）。

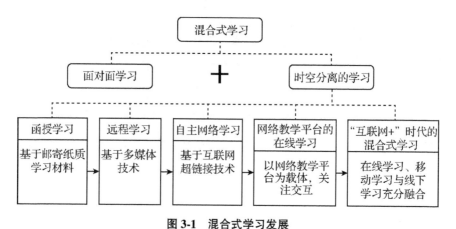

图3-1　混合式学习发展

一、借助纸质学习材料的函授学习

19世纪中叶，近代大工业生产深刻地改变了人们的生产和生活方式，社会分工的细化对高素质专门人才在数量上和质量上的需求，个体对信息和技能的需要，进一步催生了教育的普及。这给传统集中面授教学的规模和形式带来了巨大冲击与挑战，并推动了新的学习形式——函授的出现。便利的交通、发达的印刷业、众多的出版单位以及相对完善的邮政服务系统为函授的发展提供了必要的支持。函授兴起后，不但社会上出现了专门的函授教育机构，而且函授很快被应用于有组织、成体系的正规教育系统。

通过印刷、邮寄相关学习材料并对学习效果进行反馈，学员可远距离参与学习，这样就解决了半工半读学员的工学矛盾。这种学习形式是以自学为主的。其特点表现为：学习材料是教师与学生相互联系的主要媒介，也是教师教和学生学的唯一资源；为保证教学效率和质量，教学重心在于精心设计适合学生自学的学习材料，如增加学习内容的情境性，编排辅助学习的教辅读物和课后练习资料等；教师和学生可以随时随地进行阅读与学习；教师主要通过作业反馈的形式实现对学生的指导。尽管函授存在诸多局限，但它打破了教育系统的面授方式，使混合式学习成为可能。

二、借助多媒体技术的远程学习

20 世纪 20 年代，随着以现代物理学为核心的晶体管、集成电路、超大规模集成电路的发明、应用以及电力在日常生活中的普遍使用，电报、电视、收音机等视听媒体开始应用于教学，如兴起于英国的播音教学和广播电视教学。20 世纪 50 年代后，以印刷媒体、视听媒体、计算机技术与电子通信技术相结合的多媒体为载体，集记录、存储、传输、调节和显示信息为一体，以电子文本、图像、音视频和动画等组合文本为表现形式的多媒体远程教学出现。多媒体远程教学包括两种形态：一是完全的多媒体远程教学，例如，20 世纪 70 年代，许多国家在终身教育理念指导下，建立了具有独立性质的远程教学大学，这些大学取消了正规的入学资格要求，为更多学生提供了接受高等教育的机会，其具体操作是综合运用广播、电视、录音录像带等多种媒体进行教学；二是多媒体辅助远程教学，即传统大学在进行课堂面授教学的同时，通过远程音像传送技术将面授教学过程对外开放的教学。

我国现代远程教育起步于 20 世纪 70 年代末 80 年代初，以中央广播电视大学的创办（1979 年）为标志。到 2000 年左右，中央广播电视大学已经成为我国现代远程教育的主流，成为构筑学习社会和终身教育体系基本框架的重要元素。经过多年发展，截至 2000 年，全国形成了"一个由中央电大、44 所省级电大、814 所地市级电大分校和 1742 所县级电大分校以及 17076 个教学点（班）组成的学科齐全、功能完备、特色突出、面向基层的远程教育系统"[1]。

相较于函授教学，多媒体远程教学实现了技术手段的更新升级以及教学方式的优化，具体表现为：在教师角色上，教师不再是教学材料的编写者，而是多媒体技术的使用者以及教学资源的整合者、呈现者和解释者；在教学资源呈现上，教学资源由单一的纸质教辅材料转变为丰富的电子文档、视听影像等组合文本；在教学进

---

① 钟志贤、张琦：《我国教育信息化发展历程回眸》，载《中国教育信息化》，2007（12）。

程上，教师的教学进程与学生的学习进度同步或异步；在教学空间上，多媒体远程教学打破了绝对的空间区隔限制；在学生学习上，学生学习从单项分散的文本自学转变为集聆听、观摩、记录和整理为一体的多项系统学习。总而言之，多媒体远程教学拥有更丰富的课程和教学资源、便捷的资源获取途径以及多样的教学内容呈现方式，更大范围和程度地冲破了传统校园的限制，扩大了学生的学习范围，提高了学生学习的灵活性和自主性，混合式学习开始出现。

三、借助互联网的混合式学习

20 世纪 80 年代以后，随着计算机、移动通信和互联网等现代信息通信技术的出现及它们在教学领域的广泛运用，在线学习出现。从 1996 年第一篇有关局域网培训的论文在美国《培训杂志》上发表以来，教育技术界和培训界正式开始了有关在线学习的研究。在线学习主要是指通过互联网进行的学习活动，它充分利用现代信息通信技术所提供的、具有全新沟通机制与丰富资源的学习环境，是一种全新的学习形式。教师以互联网为主要媒介开展的现代远距离教学被称为第三代远程教学。1998 年 9 月，教育部批准清华大学、湖南大学、浙江大学、北京邮电大学作为现代远程教育首批试点，开我国网络远程高等教育的先河。1999 年，教育部又新增了一批试点高校。网络中学的发展也很迅速。这些网校都是由一个学校或一个教育部门与某个科技公司合作兴办的。学校或教育部门提供网上教学内容，科技公司提供网络设备以及进行网页制作和用户网络连接等。网上教学内容以同步教学辅导、疑难解答、学习论坛为主，辅以有关知识的练习和扩充。

2001 年国外在线学习进入低潮以后，人们开始对纯技术环境的学习进行反思，关于混合式学习的探讨才逐渐增多。① 由于各种教育元数据和标准的制定，从 2003 年开始，关于在线学习的研究又开始升温，企业对其的投资也在不断加大，在线学习研究进入了不再单纯构建技术环境，而以学习为本位的综合研究阶段。面对面学习与借助互联网学习的混合方式现今已成为教师学习的一部分。2003 年，在第七届全球华人计算机教育应用大会上，何克抗教授首次阐释了混合式学习的概念，进

---

① 参见田世生、傅钢善：《Blended Learning 初步研究》，载《电化教育研究》，2004(7)。

而拉开了国内学者研究混合式学习的序幕。

关于混合式学习，人们公认的比较宽泛的定义是：混合式学习是面对面学习与在线学习的混合。混合式学习经历了三个阶段的演变过程：技术应用阶段、技术整合阶段、"互联网+"教育阶段。第一阶段互联网技术应用阶段的混合式学习重点关注技术，重点强调互联网技术在教与学中的核心作用；第二阶段互联网技术整合阶段的混合式学习重点从教师视角关注交互，关注混合式学习环境给交互带来的变化以及相应的教学设计的改变。第一、第二阶段(20 世纪 90 年代—2013 年)的混合式学习，被看作课堂面授教学的替代或辅助。第三阶段(2013 年至今)的混合式学习被重新理解为一种新的学习体验，更关注学生，关注利用互联网、移动技术和面对面教学为学生创造一种真正高度参与的个性化的学习体验，是对课堂教学的提升与改进。在传统的课堂教学中，共性的标准化知识一直占据主导地位，或者说筛选、编制和传递共性的标准化知识一直是学校教育的主要任务。如果说作为传统课堂教学替代或辅助的第一、第二阶段的混合式学习更关注共性的标准化知识的习得，那么"互联网+"时代的混合式学习更关注个性化知识的习得与创造性知识的生成。①

(一)互联网技术应用阶段

互联网在改变人类的生产方式、生活方式和交互方式的同时，也改变了知识的生成方式、获取手段和传播途径。互联网技术最初应用于在线学习，主要特点是超链接，包括微链接与宏链接。微链接是对网页内的文本、图片、音视频等具体元素的链接与跳转，宏链接是实现网站与网站以及网站内部网页之间的链接与跳转。基于互联网超链接技术的在线学习即传统的网络学习。在学习资源形态上，起初主要是设计、开发和应用大量学习软件与课件，后在此基础上，出现了国际上的开放课件计划(OCW)、开放教育资源（OER）等和国内的国家精品课、视频公开课等。在学习资源生成上，主要是以超链接技术为手段，通过互联网开放许可协议，允许网络用户将原有的教学信息或资源数字化并上传到网络平台，目的在于实现学习资源的开放与共享。从严格意义上讲，该阶段的在线学习以学习者对线上开放课件的自

---

① 参见冯晓英、孙雨薇、曹洁婷：《"互联网+"时代的混合式学习：学习理论与教法学基础》，载《中国远程教育》，2019(2)。

主使用和分享为主，未发生以开放学习资源为中介的师生之间的交流。

进入 21 世纪以后，随着互联网的普及和在线学习的发展，尤其是 2001 年国外在线学习进入低潮以后，人们对第一代在线学习和基于网络的课程学习进行了思考，认识到在第一代在线学习中，单一的教学内容传送方式不可能为学习者的学习提供足够的选择、参与、接触社会的机会以及相关的学习内容。在第二代在线学习中，越来越多的人尝试使用包括多种传输方式的混合式学习模式。

(二)互联网技术整合阶段

互联网技术的核心特征是凸显用户价值，关注人与人之间的相互关联，即互联网用户成为真正参与资源聚合与生成的主体。以互联网技术为基础的在线教学理念由"学习资源中心"转向"学生中心"；内容上由零散繁杂的网络课件转向专门的网络化学科教学资源；形式上从注重学习资源的开发、共享和管理转向以师生之间的教学交互和教学管理为主；系统上由教学资源管理和服务系统转变为网络教学平台和教学管理系统，其功能不只限于教学资源的上传和呈现、生产和共享，更侧重于教学主体包括师生之间、生生之间的教学交互过程。这一时期的在线教学初具一般教学的基本形态，教师和学生以网络教学平台为载体、以知识为内容进行交互，实现了教学信息的循环流通以及知识的生产、交换和创生。

在在线学习体系不断完善的过程中，也有许多不尽如人意的地方。例如，在线学习者辍学率较高、投资回报率较低，以及很多学习者在学习时感到不适应新技术，在办公环境中学习易受干扰，缺少人际交互，易产生厌倦情绪；缺少满足学习者需要的定制课程，缺少角色扮演活动降低了学习内容的应用价值，而且在线学习在软技能(如管理、人际交流、协商谈判等)培养方面缺乏优势，将学习者的隐性知识向显性知识转化有一定的难度；在技术上，不同系统之间异构数据的相互集成也成为一个制约其成本的因素。在这种优势与缺点相互交织的发展过程中，研究者逐步认识到用在线学习来完全取代传统课堂教学是不现实的。由于已有悠久历史的传统课堂教学在社会性、互动性方面具有巨大优势，有利于实现角色扮演、人际交流等学习形式，能够充分体现人本主义学习，特别符合社会认知主义的观点，因此研究者便开始尝试将在线学习与传统课堂教学结合起来。

随着人工智能、大数据、云计算、移动终端等现代信息通信技术的兴起及其在教育教学领域的渗透，在线学习越来越多地发生在各种教育情境中。我国的教学正在从传统课堂讲授逐步过渡到课堂讲授与在线学习并举的混合模式，我国各个学段都在大力推进混合式学习改革。

(三)"互联网+"教育阶段

教师学习在早期的混合方式是面对面学习和在线学习两个独立过程的糅合，即离线和在线学习。离线学习指发生在传统教室环境中的学习，而在线学习通常指那些借助互联网的学习。"互联网+"时代的混合式学习已经不再是简单的线上线下学习方式的组合，而是在线学习、移动学习与线下学习充分融合，带来教学模式与教学设计变革的新的混合式学习。从物理特性看，"互联网+"时代的混合式学习基于移动通信设备、网络学习环境与课堂讨论的教学情境，其中30%～79%的教学内容采用在线教学。"互联网+"时代的混合式学习并不是简单的技术的混合，而是在以学生为中心的学习环境下教学与辅导方式的混合。"互联网+"时代的特点是，对不同场景进行连接，对人与人、人与物、物与物进行连接以及对各类信息进行聚合。"互联网+"时代的在线教学通过在线平台将不同学校、不同个体、不同类型的课程和教学资源聚合在一起，并将课程学习与教学管理结合起来，其典型形态为慕课（MOOC），形成了以大规模、免费、开放的教学资源供给为重要特征，以结构相对完整的系统性课程为学习单位，以教学主体之间的交流合作为基本形式的非线性和生成性的新型教学服务模式。随着对慕课的进一步开发和应用以及慕课自身存在的弊端，在线教学开始回归实体校园和课堂，即利用慕课平台创建供校内学生学习的小规模限制性在线课程。在线课程是线上课程学习与线下实体课堂教学相结合的混合式教学在课堂教学领域的基本应用方式，主要以O2O模式为代表。其教学主体为原初教学行政班的教师与学生；教学过程表现为教师在教学前将教学资源上传到互联网，学生先进行自主在线学习，然后师生在课堂中就自学内容及其相关问题进行交流和讨论，改变了传统课堂教学的顺序；在教学评价上，线上教学评价和线下教学评价相结合；在教师专业责任上，教师不再只是对知识进行呈现和解释，而是对教学活动进行设计、对教学资源进行准备以及对学生进行个别化指导。

在考虑教学要素组织形态、师生交流互动形式以及临场体验等因素的基础上，当前在线教学模式大致分为三类：基于在线课程的异步教学、基于教师直播的同步教学和基于虚拟课堂的临场教学(表 3-1)。①

表 3-1　三种在线教学模式的特征对比

在线教学模式	教学要素组织形态		师生交流互动形式		临场体验	
	教学要素及耦合度	组织实施的灵活度	典型的交流互动形式	响应时间与交互类型	教师临场感	学生临场感
基于在线课程的异步教学	师生分离，松耦合	灵活，师生可自由安排时间	学生留言，教师回复	异步响应，弱交互	无	低
基于教师直播的同步教学	师生同步，紧耦合	固定时间教学	连麦通话，文字讨论	同步响应，受限交互	低	中
基于虚拟课堂的临场教学	全要素同步呈现，强耦合	固定时间教学	视频、语音、文字等形式的双向感知与交互	实时响应，自然交互	高	高

1. 基于在线课程的异步教学

目前，我国各级各类学校已经建设了大量的在线课程。这类在线课程作为面对面课堂教学的补充，已被学校和师生广泛使用。例如，2020 年新冠疫情期间教育部提出了"停课不停教、停课不停学"的号召，并鼓励教师优先利用已建好的在线课程。这些课程不是为应对新冠疫情临时仓促制作上线的，而是几年来精心组织、精心制作、精心遴选的好教师的好课程，是有质量保障的。

在线课程由教师甚至专业公司预先设计和制作好教学资源，如教学视频、多媒体课件、课后测试题等，然后将这些资源在网络上进行共享；学习的主要形式包括观看教学视频、完成在线测试以及在留言区发言讨论等。目前，中国大学 MOOC、超星泛雅、学堂在线、智慧树、爱课程等平台均支持这类在线教学的开展。不难发

---

① 参见赵瑞斌、张燕玲、陈丁雷：《在线教学的典型模式、开展现状及发展趋势》，载《数字教育》，2021(6)。

现，在此类教学模式中，师生在时、空两个维度上均是分离、不同步的，这为学生自由、灵活地开展在线学习提供了可能，但同时也会导致师生难以实现及时的交流和互动。

2. 基于教师直播的同步教学

网络流媒体技术发展和各类直播软件的兴起让在线直播变得大众化、便捷化，从而形成了"人人可当主播、随时可开直播"的局面。这种科技变革正在快速改变信息的传播方式以及人们获取信息的习惯。在教育教学领域，人们已经使用腾讯课堂、CCtalk、钉钉等直播平台举办了学术会议、科普讲座等并开办了少儿兴趣班、技能培训班等。目前，一批深受学生和家长喜欢的网络直播课程已经涌现出来。这种课程由专业团队负责制作和运营，往往通过选聘教学名师、精心打磨教学设计、提供周到的课前课后服务等措施来提高课程的吸引力和影响力。

在在线直播教学中，教师变主播、黑板变屏幕、粉笔变键盘鼠标。在实际开展时，教师在开启摄像头和麦克风的状态下，通过共享多媒体课件、使用在线电子白板、拍摄操作演示过程等方式一边向学生呈现教学内容，一边直播讲解。学生主要是通过电脑屏幕实时观看教学内容和教师视频来进行学习的。这种模式通常以教师讲授为主，学生常常以"隐身"状态听课。这对教师的教学能力和组织能力提出了很高的要求，教师只有精心设计教学过程并生动、风趣、幽默地讲解教学内容才能很好地保证学生投入学习和有较好的学习体验。

3. 基于虚拟课堂的临场教学

在线课程以学生的在线自主学习为主，直播教学以教师的直播讲授为主，在这两种模式中，师生之间的交流互动，特别是学生间的交流通常是不同步的或者有限的，这与学校面对面教学存在差异。在线下面对面教学环境中，学生既可以真实地感知到教师与同学的存在，也可以便捷、自然地开展交流互动。这种真实、自然且社会化的学习环境不仅有利于教学活动的高效开展、知识的有意义建构、学生的全面发展，而且能让师生获得良好的体验和社会临场感。就师生异地的在线教育而言，提升教学体验感、探索虚拟课堂是目前研究的热点。

虚拟课堂能够实现教师、学生、教学内容等要素的同步呈现，从而有助于创建更加逼真的教学情境和浓厚的学习氛围，并支持师生间的多模态自然交互以及各种教学活动的开展。目前，ClassIn、ZOOM、腾讯会议等软件在师生的双向视频感知和实时自然交流方面技术较成熟，但是这类软件构建的教学环境沉浸感不强，未能真正实现教学要素的深度融合与交互。在未来，期望在虚拟现实、人工智能、人机交互、5G 通信等技术的支持下，通过构建沉浸式虚拟课堂来支持在线学习。虚拟课堂通过教师、学生、教学内容等要素的深度融合能够创设出逼真度更高、沉浸感和临场感更强的学习环境，教学内容和学习任务也能有机地融入具体的情境和活动之中，教师也能够在与学生自然交互的过程中开展在线教学活动。

第二节　教师混合式学习现状分析

在教师开展混合式学习已经成为常态的背景下，为了更好地了解教师开展混合式学习的影响要素、教师在混合式学习中存在的困难以及教师开展混合式学习需要的支持，我们对北京市中小学、幼儿园教师进行了问卷调研，并对新教师、骨干教师、特级教师群体进行了分层访谈。以下将对教师开展混合式学习的影响要素、存在的困难以及需要的支持进行具体的分析。

一、教师混合式学习的影响要素

课题组对影响教师混合式学习的要素进行了分析，主要围绕学习资源的针对性、线上线下学习的融合设计、学习时间、同伴交流、思考深度、学习指导几个方面展开。在诸多要素中，教师反馈影响较大的各要素情况如表 3-2 所示。

表 3-2　影响教师混合式学习的要素的排序

序号	影响要素	占比情况
1	我需要具体的指导，以便于了解如何进行高质量的混合式学习	77.64%
2	我所参与的混合式学习，在线上学习时同伴的交流有限	71.06%
3	我所参与的混合式学习，线上学习的时间太长	65.95%
4	我所参与的混合式学习，在线上学习时我的思考不够深入	65.05%

续表

序号	影响要素	占比情况
5	我所参与的混合式学习，在线上学习时教师提供的帮助有限	64.52%
6	我所参与的混合式学习，线上线下学习的融合设计还不够好	62.30%
7	我所参与的混合式学习，线上学习资源针对性不够强	61.28%

在访谈中，新教师群体表示，线上和线下的融合是有困难的，还需要指导，以帮助自己了解怎样才能更好地进行融合学习。此外，新教师群体和骨干教师群体同时提到，目前线上学习资源的针对性不够强。部分骨干教师提到，或许是自己的信息检索能力有限，导致自己在寻找适切资源方面还是有困难。特级教师群体表示，目前线上学习的同伴交流还是比较有限的，更多是一对多的分享。有特级教师提到，他们结合自己的实际问题进行了线上线下相融合的混合式学习，线上线下并没有明显的界限感。他们基于自己遇到的问题，线上查找资料、听相关讲座，线下与同事、专家进行交流。他们整合从各个渠道收集到的信息来解决自己的问题。有骨干教师也分享了自己参与过的效果非常好的混合式学习案例。线上是基于理论的介绍，线下是基于实践实例的观摩、讨论、分析。学习完成之后，线上还有相应的测试和学习诊断报告，学习诊断报告会提出后续的学习建议并推荐一些参考的学习资料。此外，这种混合式学习也要求教师在自己的教学中应用所学设计新的案例。参与过这种混合式学习的教师表示，自己可以通过碎片化时间去学习推荐资料，也可以与同伴一起讨论设计新的案例。这种混合式学习很好地体现了理论与实践的融合、理解与应用的融合。

通过问卷调研和与不同教师群体访谈，我们发现高质量的教师混合式学习离不开线上线下的融合设计。融合设计要充分考虑理论与实践、理解与应用、教师存在的问题与针对性的帮助之间的关系。学习者在线上线下思考的连贯性、延续性、纵深性则是在设计混合式学习支架时需要重点给予关注的内容之一。

二、教师在混合式学习中存在的困难

课题组对教师在混合式学习中存在的困难进行了分析，主要围绕教师的信息素

养、注意力、学习习惯、学习能力和学习氛围几个方面展开。教师反馈存在的主要
困难如图 3-2 所示。

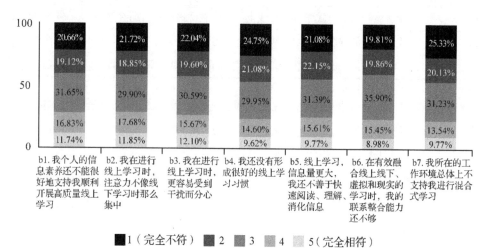

图 3-2　教师在混合式学习中存在的困难的情况

在访谈中，新教师群体表示，由于各种渠道的任务多、信息多，因此自己在混
合式学习(尤其是线上学习)时注意力不集中，很容易分心。骨干教师群体则表示，
线上线下的学习资料、会议等越来越多，自己消化吸收的时间、精力和能力不够，
影响了自己的学习效果。此外，骨干教师群体也提到，很多技术更新速度比较快，
自己的信息素养跟不上技术更新的速度。特级教师群体在访谈中表示，目前线上学
习明显会受到一些干扰，如各种工作信息不定期来袭，所以线上学习确实需要一个
相对比较集中的时间和不受到打扰的环境，形成一种较好的学习习惯才能保障质
量。访谈中一位特级教师分享了自己学习的案例。特级教师的很多工作任务具有挑
战性、引领性和开拓性，因此不管是线上还是线下，他必须保持不断学习的习惯。
线下需要跟同事讨论、跟同行请教，去图书馆查资料；线上需要查网络资源。在网
上查资料的时候也难免受其他信息干扰影响，如果不专注于自己当下要做的事情，
学习效果就会很差。

通过问卷调研和与不同教师群体访谈，我们发现高质量的混合式学习不仅需
要来自外部的精心设计，而且取决于教师自身的信息素养、注意力的分配、线上
学习习惯的养成等。这些要素也应该纳入为教师提供高质量混合式学习的设计当

中，即帮助教师了解自身在混合式学习中可能会出现的问题，并提供相应的帮助。

三、教师混合式学习需要的支持

课题组对参与调研的教师在混合式学习中需要的支持进行分析，主要围绕教师的思维方式、信息技术能力、学习习惯、学习策略、学习资源、学习氛围、政策支持及研究指导几个方面展开。教师在开展混合式学习方面需要的支持，排序较为靠前的内容如表 3-3 所示。

表 3-3　教师在混合式学习中需要的支持的排序

序号	需要的支持	占比情况
1	要开展高质量的混合式学习，需要混合式学习的政策支持及研究指导	91.77%
2	要开展高质量的混合式学习，需要学校营造更好的混合式学习氛围	91.50%
3	要开展高质量的混合式学习，需要学校提供更有针对性的学习资源	91.50%
4	要开展高质量的混合式学习，需要学习策略上的指导	86.40%
5	要开展高质量的混合式学习，需要信息技术能力上的指导	86.67%
6	要开展高质量的混合式学习，需要思维方式上的指导	86.94%
7	要开展高质量的混合式学习，需要学习习惯上的指导	82.37%

从上表可以看出教师的需求体现出了从宏观的政策支持及研究指导、氛围支持，到中观的资源支持、策略指导，再到微观的信息技术能力、思维方式、学习习惯指导的特点。教师更倾向于以外部支持的方式依托政策、研究、氛围、资源支持等帮助自己认清该如何更好地开展高质量的混合式学习，进而使自身提高信息技术能力、形成特定的思维方式与学习习惯。

在访谈中，新教师群体表示，自己在教育教学中会遇到各种教学、家校沟通等问题，特别需要针对性强的资源。但是，目前能够找到的资源都不能有效地满足自身的需求，期待学校能够提供更有针对性的资源支持。骨干教师群体表示，目前国家级、市级、区级组织的很多培训，基本上是名家大师的课程，跟自己的教育教学实践的联系性不是很强，需要自己在学习的过程中有意识地关注和寻找跟自己需求特别匹配的资料，但是长时间的线上学习让教师们感觉比较疲惫，导致自己需要解决的问题还没有找到答案，大量的时间已经在线上学习中流逝掉。特级教师群体表示，如果希望实现高质量的混合式学习，必须在思维方式和学习习惯上做出调整，如快速阅读、审辨性思维、结构化思维等，这样才能有效地审视多渠道信息、整合线上线下的学习内容，形成有针对性的解决方案。

　　综上，首先，学校有必要从组织角度系统思考并设计教师混合式学习的氛围及资源。例如，鼓励教师汇总、分享自身在育人实践中存在的各种问题，学校结合各种问题开发有针对性的学习资源，供教师选择学习。北京市第一零一中学常以沙龙的形式，将科研、教学、德育工作整合进行，以问卷形式收集教师们的困惑和痛点。然后，学校梳理问题，厘清哪些通过教研就可以解决，哪些需要请专家辅助解决。每周提前发布沙龙内容，教师自由选择参加。学校营造宽松的氛围，教师围绕这些问题开展讨论。讨论结束后，学校发布公告，让没有参与的教师也可以从中学习。通过这种形式，教师参与度非常高。参与讨论的教师所教学科不同，年龄不同，思维方式也不同，每个人会在讨论过程中互相激发并生成新的内容。这种讨论积累到了一定阶段，学校会酝酿形成一本教师学习手册。其次，学校需要为教师提供信息技术能力、思维方式等上的指导。例如，中国人民大学附属中学特级教师袁中果老师提到可以更多地发挥学习共同体中年轻教师与老教师的各自优势。年轻教师对新兴技术的了解与应用可以助力老教师；老教师在结构化思维、审辨性思维上的优势可以助力年轻教师在混合式学习中对多渠道信息的理性判断与整合。

第三节　教师混合式学习的特征及促进机制

　　2020年新冠疫情来袭，加速了教师开展在线学习、教学的进程，混合式学习日渐成为教师学习的常态。然而，教师学习也遭遇了诸多困境。教师对于信息技术营造下的学习生态的潜在规律与特征了解有限，对混合式学习的机制与关键问题尚不清晰，导致他们在开展混合式学习时可能会出现受到技术奴役的现象。例如，信息过载带来的注意力缺失、专注力下降①，碎片化学习导致教师学习缺乏系统性②，大量信息污染与噪声影响了教师的审辨力，大数据精准推送形成的"信息茧房"带来刻板认知等③。教师学习的管理者、设计者、组织者及教师个体亟须客观审视混合式学习，并发展、进化出与之相适应的意识、素养与能力，这样教师才能成为混合式学习生态中的高效学习者。现有研究主要关注混合式学习在教师正式学习中的促进作用，较少关注当混合式学习成为教师正式与非正式学习常态后，教师个体及群体学习特点与规律的变化，而这些特点与规律则是支持教师开展高质量混合式学习的重要基础。混合式学习已经在个体角度及群体角度给教师学习(正式学习与非正式学习)带来了新的变化，作为教师学习的研究者与设计者，有必要突破教育学研究范畴，从生态学、脑科学、心理学视角认识混合式学习的现实样态及特征，以便更好地支持教师混合式学习。为此，本节将主要从两个维度呈现教师混合式学习的现实样态：一是从多学科理论视角对教师混合式学习进行理论分析；二是从现实角度，以教师问卷及访谈的方式对教师混合式学习进行现实分析，并综合理论分析与现实分析，归纳教师混合式学习的样态特点及需求，为教师高质量混合式学习提供有效支持。

以人工智能、5G 通信、区块链等为代表的信息技术正深刻地改变着人类的生活环境、行为习惯与认知方式。④ 新一代信息技术正在加速融合、协同进化，形成了一种新的信息技术生态。人们的学习、工作与生活在现实与虚拟、线上与线下快速切换，多任务、多线程并行成为常态。在混合式学习生态中，人、信息与环境是重要的组成要素，形成了一个相互制约、相互影响，并在一段时间内保持动态平衡的统一整体。从系统角度来看，人无法离开环境的给养。教师所处的环境为教师成长提供了氛围、工具、资源等支持，如同生态系统中的阳光、空气、土壤、水分一样。教师将通过被动接收与主动选择两种方式从环境中获取养分。信息流动形成了

① 参见梁文鑫：《移动互联网时代中小学教师深度学习模型构建及学习效应分析》，载《开放学习研究》，2021(6)。
② 参见梁文鑫：《移动互联网时代中小学教师深度学习的困境与突围——基于 4789 份教师调查问卷的分析》，载《教育探索》，2021(9)。
③ 参见张敏、王朋娇、孟祥宇：《智能时代大学生如何破解"信息茧房"？——基于信息素养培养的视角》，载《现代教育技术》，2021(1)。
④ 参见南旭光、张培：《智能化时代我国高等教育治理变革研究》，载《中国电化教育》，2018(6)。

不同群体间知识、经验、智慧的动态平衡，赋能生态中教师的成长与发展。从个体角度来看，教师需要不断进化，逐渐形成适应混合式学习生态的能力与素养，形成新生态下新的平衡。教师作为学习主体，在所处环境中，受到多渠道文化、制度、群体的影响，不断地接收来自多渠道、多媒体的多样态信息，成为生态中的信息消费者。与此同时，教师也成为信息传播者，并依托自我反思、发言、撰文等多种方式成为信息生产者，为混合式学习生态贡献知识、经验与智慧。教师在现实与虚拟、线上与线下学习中不断切换。教师学习表现出三个典型特征，即大脑重塑、习惯重塑及关系重塑，如图3-3所示。

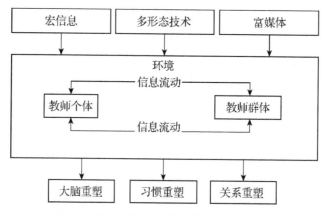

图 3-3　混合式学习生态下教师学习的特征

一、教师混合式学习的特征

（一）信息洪流下的大脑重塑

在混合式学习生态中，各类社交媒体、视频网站、在线课程、订阅号以及非数字化媒体等信息制造机器，每天都在制造着宏大的信息流，信息增长速度远超过人们的想象。教师也身处信息洪流之中。在信息丰富的世界里，拥有信息就意味着另一种稀缺，即信息的丰富会导致注意力的贫瘠。①

科学家的研究表明，大脑的结构比我们想象的更具可塑性，环境的刺激、不同的经历以及情绪的变化都在不断地影响及重塑着它。② 2019 年《精神学杂志》提出，大量使用互联网会影响大脑结构、功能和认知发展，让大脑认知区域产生迅速以及持续性变化，影响记忆力和注意过程，甚至影响社会交往。心理学研究已证明，频繁切换工作任务会分散思维、削弱注意力，导致紧张、焦虑。互联网正在重新布置大脑中的神经连接，也在改变着情感深度。对互联网和其他基于屏幕的显示技术的使用，使头脑中对图形进行旋转的能力要好于以前，不过与之相伴而来的是深入处理能力的弱化。③

(二)泛在学习下的习惯重塑

在混合式学习生态下，教师学习存在典型的泛在性、短暂性和零散性特征，加之强调精简化表达的社交工具大行其道，图像、视频、虚拟现实等具象化、仿真素材成为网络空间更受欢迎的学习内容，这些已经重塑了教师在现实世界里的学习习惯。例如，学习者很容易快速进入学习，却很难深入学习。学习者对于有一定精深度的长篇文字类内容的学习偏好下降，难以通过逻辑结构完整的文字对某一问题进行清晰的阐述。理查德·沃森(Richard Watson)提到，深度思考需要文字符号，而现在的屏幕使用者习惯于简短且不注重结构严谨的表达，难以形成深度思考。④ 斯坦福大学的克利福德·纳斯(Clifford Nass)通过研究发现，一旦已经习惯了随时分心，即使想要专注的时候，也很难摆脱这种积累的习惯。很多研究结果表明，仅仅在两项任务之间来回切换，就会显著加重认知负荷，阻碍正常思考，也会增大忽视

---

①　参见集智俱乐部：《走近 2050：注意力、互联网与人工智能》，121~130 页，北京，人民邮电出版社，2016。

②　参见[美]伊恩·朱克斯、[美]瑞恩·L. 沙夫：《教育未来简史——颠覆性时代的学习之道》，钟希声译，64 页，北京，教育科学出版社，2020。

③　参见[美]尼古拉斯·卡尔：《浅薄：互联网如何毒化了我们的大脑》，刘纯毅译，53~60 页，北京，中信出版社，2010。

④　R. Watson, *Future Minds: How the Digital Age is Changing Our Minds, Why This Matters, and What We Can Do about It*, London, Nicholas Brealey Publishing, 2011, pp. 150-153.

或曲解重要信息的可能性，影响深度思考。①

信息极大丰富后，教师拥有了选择权，对于哪些是适合自己学习、有助于专业成长与发展的信息，教师需要甄别、判断，进行理性的选择，否则就容易跌入被无价值信息占有的困局，面临信息过载与时间、精力等不够的局面，陷入浅层学习的困境。在每天产生的宏大信息流中，常夹杂着标题醒目、博人眼球的各种虚假、不准确的信息，占据了教师有限的时间，分散了教师的注意力，屏蔽与淹没了真正有价值的信息。此外，由于大数据技术的应用，信息推送技术愈发成熟，大量符合教师阅读偏好的内容被频繁推送，造成了"信息茧房"，使教师在认识问题时视角单一，形成了认知上的刻板印象。

(三)多维空间中的关系重塑

各类信息技术的赋能使教师有机会突破现实组织架构及相对稳定关系的限制，使教师在网络空间、虚拟空间里，在无边界组织中，重塑与他人的关系。在数字空间中，教师的个体优势被互联网放大，教师有机会突破原有相对固定、僵化的组织关系，不再隶属于某个固定的组织，而是可以灵活穿越多维空间，形成虚拟组织，与他人形成更加动态、平等的同伴或合作关系。教师在网络空间中与同行、非同行进行交流、学习，形成了无边界学习型组织。跨时空、跨领域、跨学科的共享、协作关系成为网络空间知识创新的动力。互联网为建立多学科整合的文化、推动学习型组织文化的变革提供了环境基础，进一步引发了学习、研究、教学等各类组织的变革，从本质属性层面触发了深层次组织重塑。② 这种数字空间里重塑的关系也将影响物理空间中教师学习的兴趣与动力。

---

① 参见[美]尼古拉斯·卡尔：《浅薄：互联网如何毒化了我们的大脑》，刘纯毅译，53~60页，北京，中信出版社，2010。

② 参见陈丽、逯行、郑勤华：《"互联网+教育"的知识观：知识回归与知识进化》，载《中国远程教育》，2019(7)。

二、混合式学习生态中教师学习的促进机制

混合式学习生态虽然为教师学习创造了宏信息、富媒体、无边界的学习环境，延展了教师学习的时空，但是教师学习也必然面对上述三类重塑的影响。例如，宏信息流中的信息污染、噪声带来的教师学习偏航、深度思考能力下降，富媒体造成的教师对逻辑性较强文本的理解力、审辨力变弱，多形态融入引起的教师适应等问题都需要设计促进机制进行有效干预、引导，进而为教师学习创造绿色、高品质学习生态，助力教师成为适应生态、影响生态的积极学习者。

教师混合式学习促进机制以一定的运作方式把学习生态中各个部分联系起来，使生态中各要素协调、良性运行，使整体发挥最大效用。如前文所述，混合式学习生态包含了人、信息与环境三个重要的组成要素，在教师的大脑、习惯、与他人关系已经重塑的前提下，需要系统思考教师如何适应生态，如何重塑自身素养以成为混合式学习生态下驾驭技术而不被技术奴役的积极学习者；需要思考信息网络的重塑及物理与数字环境的重塑，以营造开放、绿色、高质量的学习生态，帮助教师从个体自发、无序学习到可控、有序、高质量学习(图 3-4)。

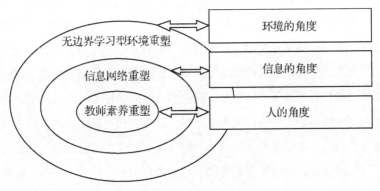

图 3-4　教师混合式学习三层促进机制

(一)人的角度：以教师素养重塑支持教师开展高质量混合式学习

迈入智能时代，教师身处被各形态技术、各渠道信息、各领域人员构筑的信息

空间中，教师获取高质量信息是开展高质量混合式学习的重要基础。教师需重塑自身素养以适应混合式学习生态，规避信息技术给自身学习带来的负面效应。第一，教师需要强化目标意识、问题意识，在物理空间及数字空间多任务、宏信息的冲击下，避免自己因信息迷航而偏离学习目标，形成时刻准备寻找潜在资源的意识，学会从丰富的网络资源中提取隐含的、潜在的和有用的信息，并养成将外界信息与原有知识结构连接的习惯；第二，教师需要在信息洪流、噪声中进行信息分析与甄别，确保在浏览大量信息的同时，能够辨别真实与虚假信息；第三，教师需要形成时间及认知资源管理能力，确保自身认知资源有深度聚焦学习的机会，以减缓大脑在深度学习上减弱的趋势；第四，教师需要提升元认知思维能力，强化对自身学习过程及对被推送内容的反思，有意识地形成通过多渠道、多角度、跨学科、跨领域认知同一个问题的习惯，确保审辨力不断提升。教育行政部门可组织培训机构或学校帮助教师明确自己在混合式学习生态下需要具备的素养，提供相关课程，并将这些课程纳入教师职后教育的通识课程体系中，使教师通过素养重塑解决在自发学习中出现的大脑改变、习惯改变带来的深度学习减弱等问题。

（二）信息的角度：以高品质信息网络重塑支持教师开展高质量混合式学习

当下，各类线上线下课程、会议、活动纷至沓来，在教师注意力可能随时被分散的生态中，教师开展高质量混合式学习需将自身有限的注意力、专注力投注到与组织目标、个人目标密切相关的信息上。第一，教师所在组织及教师个体都要清晰把握教师学习最核心、最重要的目标，通过学习共同体推荐等方式精准选择与组织目标、个人目标密切相关的同行及专家社群；第二，通过教师群体、专家社群定期研讨、推荐、筛选、构建服务于教师学习的高品质富媒体信息网络，形成高质量信息列表，对教师混合式学习内容的方向、质量做好引导与把关；第三，要及时将物理空间的生成性案例转化为数字空间的跨媒体课程，将数字空间的生成性资源及时沉淀为物理空间的实践性课程；第四，要积极鼓励学校对各类混合式学习案例进行多渠道收集、分享，自主探索高效开展混合式学习的模式、方法，也要定期对教师混合式学习中的不恰当行为加以规范引导。

(三)环境的角度：以无边界学习型环境重塑支持教师开展高质量混合式学习

多种新兴智能技术无缝融入学习、工作环境时，政府、企业、行业协会、学校等需要多方协同，在环境设计、政策引导、制度设计、理论研究、标准制定上做出应对，重塑教师混合式学习的政策、理论及实践环境。教师的混合式学习具有宏信息、富媒体、无边界、众参与等特点，教师身处由学校、家庭等构筑的物理环境及由各类平台、应用、课程、活动构建起的数字环境之中。信息在物理空间与数字空间之间流动，关系在两种空间的交错变化中重塑。笔者认为要形成教师学习的大空间观，支持教师时时处处人人构建跨时空、跨领域、跨学科的无边界学习型环境，突破组织与学科壁垒。物理环境与数字环境要能便捷切换，如通过物理空间中的实物、纸质媒介上的二维码及链接，支持教师随时访问课程动画、视频、全息影像等，与云端专家、同行等讨论交流。伴随虚拟现实、增强现实、物联网、人工智能等技术的不断成熟与普及，现实与虚拟、线上与线下的界限愈加模糊，教师在应用新型技术开展学习的过程中的学习习惯、思维方式、能力素养也在发生改变。政府、研究机构、培训机构、学校应该从政策视角、理论视角、实践视角保持对教师混合式学习特征、规律及规范的关注与持续研究，以政策引导、理论研究规避技术要素对教师学习形成的不利影响，促进教师混合式学习发展。政策制定机构通过"政策之手"对教师混合式学习进行适当干预，引导构建绿色、开放、有序、高品质的学习生态；研究机构通过组织会议、论坛、讲座及发布教师混合式学习趋势报告等，依托"理论之手"帮助教师认清混合式学习的潜在规律、特征，强化教师对于混合式学习的理性认知，以指导自己的混合式学习实践。政府通过政策、制度引导研究机构、培训机构、学校以客观、理性、中立的视角看待教师混合式学习，保障教师混合式学习的安全性、规范性、持续性及有效性。

第四节　教师混合式学习的展望

"互联网+"时代的混合式学习赋予了学习新的内涵，学习由共性的标准化知识的习得转变为个性化知识的自主建构与创造性知识的生成。展望未来，大数据、区块链、虚拟现实、人工智能等新一代信息技术将重新定义人类知识和能力的价值，技术将成为构建未来学习新生态的核心驱动力，技术将促进学习更加高效和智能，未来的学习将是人与机器的协作。面对数字化成长环境及崭新的时代特征，提升数字素养是教师混合式学习能力提升的关键。

一、混合式学习与教师数字素养

（一）数字素养是教师有效开展混合式学习的关键

中国正在迈入人工智能时代，这个时代也是数字经济时代、智慧教育时代、数据文明时代。面对崭新的时代特征，教师迫切需要提升数字素养，为迎接未来智慧教育做准备。

教师学习既有正式学习也有非正式学习，无论是正式学习还是非正式学习，它们都既可以发生在物理环境下的面对面学习中，也可以发生在基于数字环境的时空分离学习中。教师数字素养是保障教师开展混合式学习的基础，也是支持教师有效进行混合式学习的关键（图 3-5）。

数字素养是指通过数字设备和网络技术，安全、适当地访问、管理、理解、集成、评估和创造信息的能力，用于就业、工作和创业。联合国教科文组织将数字素养定义为互相关联的数字技能集合，可供灵活选择使用，而不是一套固定不变的技能标准。数字素养包括操作域、信息域、交流域、内容创作域、安全伦理域、问题解决域、职业相关域七个部分，强调对数字时代信息的理解与使用，并将数字技术作为一种基本生活技能（表 3-4）。

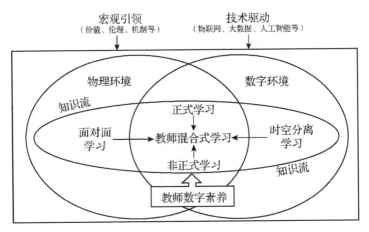

图3-5　教师数字素养与教师混合式学习的关系

表3-4　联合国教科文组织数字素养框架

素养域	具体素养
操作域	1. 数字设备的物理操作。 2. 数字设备的软件操作。
信息域	1. 搜索、浏览和过滤数据、信息和数字内容。 2. 评估数据、信息和数字内容。 3. 管理数据、信息和数字内容。
交流域	1. 通过数字技术交流。 2. 通过数字技术共享。 3. 通过数字技术行使公民权利。 4. 通过数字技术合作。 5. 网络礼仪。 6. 管理数字身份。
内容创作域	1. 开发数字内容。 2. 整合和重新阐释数字内容。 3. 版权和授权。 4. 程序设计。
安全伦理域	1. 保护设备。 2. 保护个人数据和隐私。 3. 保护健康与福祉。 4. 保护环境。

续表

素养域	具体素养
问题解决域	1. 解决技术问题。 2. 发现需求和采取技术回应。 3. 创造性地使用数字技术。 4. 识别数字能力差距。 5. 技术思维。
职业相关域	1. 为特定领域操作专门的数字技术。 2. 解释特定领域的数据、信息和数字内容。

提升教师的数字素养能帮助教师有效地使用数字设备和网络技术，遵守技术标准和使用原则，运用数字技术开展数字化学习、数字化工作和数字化生活。

（二）混合式学习是提升教师数字素养的有效途径

数字素养已成为数字时代公民必备的基本素养。《提升全民数字素养与技能行动纲要》对提升全民数字素养做出了全面、系统的部署，并针对教育领域强调要不断提高教师运用数字技术改进教育教学的意识和能力。2022 年，教育部正式启动教育数字化战略行动，对提升教师数字素养提出了要求。同年，教育部正式对外发布《教师数字素养》教育行业标准，明确了教师数字素养的核心内涵和指标框架，为教育管理部门、学校和教育机构在发展教师数字素养方面提供了指导，也为建设教师数字素养培训资源、开展监测评价提供了依据。

教师数字素养是教师适当利用数字技术获取、加工、使用、管理和评价数字信息，发现、分析和解决教育教学问题，创新和变革教育教学活动而具有的意识、能力和责任。《教师数字素养》教育行业标准规定了教师数字化意识、数字技术知识与技能、数字化应用、数字社会责任以及专业发展五个维度的要求。

1. 数字化意识

数字化意识是指客观存在的数字化相关活动在教师头脑中的能动反映，是教师在数字时代有效开展教育教学和持续发展的前提条件。教师必须认识到数字技术的重要价值，理解应用数字技术开展教育教学实践是教育教学改革的迫切需要；教师要打破惯性，主动探索、积极应对、创新实践，为顺利开展数字教育迈出重要的第一步。

2. 数字技术知识与技能

数字技术知识与技能是指教师在日常教育教学活动中应了解的数字技术知识与需要掌握的数字技术技能。了解和掌握数字技术知识与技能是教师实现数字技术与教育教学深度融合的基本要求。教师不仅需要了解这些常见数字技术的内涵特征及其解决问题的程序和方法，而且需要从自身课堂的应用需求出发熟练操作适切的数字化设备、软件、平台。

3. 数字化应用

数字化应用是指教师应用数字技术资源开展教育教学活动的能力，服务于教学设计、教学实施、学业评价与协同育人等教育教学全流程。该维度既是教师数字素养的核心体现，也是教师实现数字化教育教学的核心要素。在新型教育生态形成的当下，面对更智能的教学环境、更开放的教育资源、更灵活的教学模式，教师需要提升自身数字化教育教学应用水平，以教育教学全过程的实际需要为出发点，充分发掘并利用优质数字教育资源，将数字技术融入教学设计、环境创设以及学业评价中，优化教学流程，提升课堂活力，实现学生自主、探究、协作学习。教师还应关注数字技术对学生数字素养与身心健康的影响，以数字化赋能五育并举。

4. 数字社会责任

数字社会责任是指教师在数字化活动中的道德修养和行为规范方面的责任，是教师开展公平包容、绿色发展、开放合作的数字教育的根本保障。我国已成为名副其实的网络大国，各种信息以及数字产品层出不穷，教师在学习、工作、生活中经常忽略其基本使用原则，甚至还存在一些发布和转载错误言论的行为；大量新技术、新应用涌入，教师数字安全保护能力不足所引发的网络安全与隐私数据泄露等问题时有出现；网络谣言、网课爆破、电信诈骗等频频发生，更加凸显了教师在创建文明、安全、健康的学习环境方面的责任。教师在使用数字技术的过程中应遵守基本法制、道德规范，加强数字安全管理，注重防范数字安全风险。

5. 专业发展

专业发展是指教师利用数字技术资源促进自身及共同体专业发展的能力。该维度的提升既有利于教师个体及共同体专业能力的持续发展，助力服务全民终身学习，也能有效支持教师开展数字化创新应用与实践。数字技术资源既为教师终身学习提供了工具，也有利于打造虚实结合的沉浸式研修空间。教师可充分利用数字技术资源进行个人专业知识学习和教学实践反思，如通过网络名师工作室、虚拟教研室等积极开展混合式学习。①

对于教师而言，数字素养的习得途径主要包括：教师培训部门的知识教育与技能培训；电视、广播、报刊等传统媒体的宣传报道；网络搜索引擎、学习网站及音视频平台等新媒体服务；教师间的横向信息交流互动；社会公共机构开展的社会教育。其中，教师的正式学习对于数字素养的习得有一定作用，但是教师在工作和生活中的非正式学习对于数字素养的习得更为重要，所以教师进行混合式学习是提升自身数字素养的有效途径。

二、新技术重塑学习生态

数字时代的学习是一种联通学习，学习内容是知识节点之间通过互联而产生的知识网络，表现出更强的社会化和网络化特征，学习内容与学习者的日常生活和个人发展相关联。数字时代学习的典型特征是以数字公民的培养为核心、以个性化混合式学习方式为导向、以互联环境为支撑。教师在享受着数字世界带来的各种便利的同时，也面对着数字化学习的挑战。

新技术驱动的学习变革体现在学习内容、学习方式、学习环境三个方面。学习内容方面，随着教育信息化的逐步推进和移动终端设备的日益普及，线上资源日趋丰富，学习者可以利用网络获取各种学习资源。学习方式方面，越来越多的学习者青睐以物联网、云计算、大数据和泛在网络为技术支持的混合学习和联通学习。学习环境方面，大数据、区块链、虚拟现实、人工智能等新一代信息技术可以为学习者提供一种智慧学习环境。这种智慧学习环境能感知学习情景、识别学习者特征、提供合适的学习资源与便利的互动工具、自动记录学习过程和评测学习成果、提供个性化服务，为学习者提供了任意时间、任意地点和任意步调学习的场所或活动空间。

---

① 参见吴砥、陈敏：《教师数字素养：教育数字化转型背景下的教师发展重点》，载《中国信息技术教育》，2023(5)。

在可预见的未来，大数据、区块链、虚拟现实、人工智能等新一代信息技术是实现学习生态重塑的有效手段，技术赋能的核心价值体现在改变学习并助力个性化学习实现、构建安全可信的学习体系、塑造沉浸式交互学习体验、提供终身学习的机会等方面。

（一）大数据技术驱动个性化学习实现

大数据是以体量巨大、类型繁多、存取速度快、价值密度低为主要特征的数据集合。从国家信息化发展战略全局来看，大数据是信息化进程中可被利用的海量数据集合，是信息社会的数据资源总和。大数据作为新一代信息系统架构和技术，能对大量形式多样的数据进行采集、存储和分析，帮助人们从信息社会的海量数据中发现新知识、创造新价值、提升新能力、形成新业态，提升人们认识世界和改造世界的能力。中国已将大数据作为战略资源，将发展和应用大数据技术提升至国家战略规划层面。2015 年 8 月，《促进大数据发展行动纲要》发布，提出全面推进大数据发展，加快建设数据强国。2018 年 4 月，教育部发布的《教育信息化 2.0 行动计划》提出实施教育大资源共享计划，利用大数据技术采集、汇聚互联网上丰富的教学、科研、文化资源，为各级各类学校和全体学习者提供海量、适切的学习资源服务；提高利用大数据支撑保障教育管理、决策和公共服务的能力，助力教育教学、管理和服务的改革发展。

个性化学习是针对学习者个性特点和发展潜能而采取恰当的起点、方法、内容、进程、评价方式等，促使学习者各方面获得充分发展。① 利用大数据技术对学习者的个体特征和学习状况进行全面分析，可以精细刻画学习者特点，洞察学习者学习需求，推荐与学习者特征相适配的资源，创设个性化的学习环境和个性化课程，助力个性化学习活动的开展。同时，在学习者画像的基础上，能够生成个性化的学习地图，让每一位学习者都能够沿着学习地图上的学习路径进行学习并达到学习目的。在在线学习环境中，探索符合学习者学习习惯和偏好的学习地图，构建个

---

① 参见李广、姜英杰：《个性化学习的理论建构与特征分析》，载《东北师大学报（哲学社会科学版）》，2005（3）。

性化的学习活动路径，能够减少学习者的学习盲目性，提升学习者的学习体验。①

（二）区块链技术构建安全可信的学习体系

区块链是将密码学、经济学、社会学相结合的一门技术，是分布式数据存储、点对点传输、共识机制、加密算法等计算机技术在互联网时代的创新应用模式，具有去中心化、不可篡改、全程留痕、可以追溯、集体维护、公开透明等特点。区块链的核心技术包括分布式账本技术、非对称加密算法、点对点传输技术等。区块链能让数据的产生、运行和应用更加公开与透明，具有一定的信息防伪功能，适用于多个机构之间共享数据或跨组织的业务。《教育信息化 2.0 行动计划》明确提出要积极探索基于区块链技术的"智能学习效果记录、转移、交换、认证等有效方式"，将技术深度融入教育教学。2020 年 4 月，教育部印发《高等学校区块链技术创新行动计划》，提出要加快高校区块链技术创新发展，开展教育领域区块链关键技术应用研究。

区块链技术能够应用于个人、机构、团体、国家、国际等多种层面的不同学习领域。欧盟委员会联合研究中心发布的《教育中的区块链》（Blockchain in Education）报告描绘了在教育中使用区块链技术的八种理想情景，包括永久保护证书、终身学习护照、跟踪知识产权并奖励知识的使用和再利用等。目前这些情景已开始慢慢实现。区块链技术不可篡改的特点能够为经济社会发展中的存证难题提供解决方案；区块链的分布式账本技术可以打破部门间的数据壁垒，实现信息和数据共享；区块链技术形成的共识机制能够解决信息不对称的问题，真正实现从"信息互联网"到"信任互联网"的转变；区块链技术自动执行"智能合约"，能实现多个主体之间的协作信任，拓展人类相互合作的范围和深度。②

区块链技术能够分布式记录数据，帮助存储电子档案，记录并存储学习者的学习过程，包括线上线下、正式与非正式的学习经历，形成个人的电子学习档案。

---

① 参见关成华、黄荣怀主编：《面向智能时代：教育、技术与社会发展》，184 页，北京，教育科学出版社，2021。

② 参见关成华、黄荣怀主编：《面向智能时代：教育、技术与社会发展》，108 页，北京，教育科学出版社，2021。

(三)虚拟现实技术塑造沉浸式交互学习体验

虚拟现实技术以计算机技术为核心,结合相关科学技术,生成与一定范围的真实或假想环境在视、听、触感等方面高度近似的数字化环境。用户借助必要的装备与数字化环境中的对象进行交互作用、相互影响,产生亲临对应真实环境的感受和体验。常与虚拟现实技术同时出现的还有增强现实技术、增强虚拟技术和混合现实技术。

刘革平教授认为,教育元宇宙是利用虚拟现实技术、增强现实技术、混合现实技术、数字孪生、5G、人工智能、区块链等新兴信息技术塑造的虚实融合的教育环境,是虚拟与现实全面交织、人类与机器全面联结、学校与社会全面互动的智慧教育环境的高阶形态。①

教育元宇宙创设的智慧学习空间支持学习者有效开展混合式学习。教育元宇宙利用智能技术支持学习者依据自身的学习和认知风格实现个性化混合式学习,具体包括以下三个方面。

第一,支持为学习者精准画像。教育元宇宙提供的智慧教育环境能够对学习者在学习过程中产生的行为表现、生理反应以及情感态度等数据进行加工与处理,为学习者精准画像,掌握学习者的真实知识水平与学习特征,并将此作为个性化学习活动创设的基础。

第二,支持学习场景的多元塑造。学习场景是学习者学习活动发生的直接场所,多元学习活动将依据学习者的个人特征提出不同的学习场景需求。教育元宇宙支持学习场景的识别、预设与共同编辑,以匹配与满足不同学习者的水平与风格,促进学习场景的动态生成,实现学习活动创设,满足学习者个性化学习需求。

第三,丰富学习活动形式。教育元宇宙提供的学习环境与资源,能够方便学习者开展多元学习活动。依据学习者的学习风格与内容组织形式的不同,教育元宇宙能为其匹配不同的学习活动形式,如探究式学习、发现学习、项目式学习以及问题解决学习等,切实满足学习者的个性化需求。

---

① 参见刘革平、高楠、胡翰林等:《教育元宇宙:特征、机理及应用场景》,载《开放教育研究》,2022(1)。

（四）人工智能技术提供终身学习的机会

人工智能是研究、开发用于模拟、延伸和拓展人的智能的理论、方法、技术及应用系统的一门技术科学。人工智能涉及计算机科学、脑科学、心理学、哲学和语言学等学科。经过60多年的演进，特别是在移动互联网、大数据、超级计算、传感网、脑科学等新技术、新理论以及经济社会发展强烈需求的共同驱动下，人工智能加速发展，呈现出深度学习、跨界融合、人机协同、群智开放、自主操控等新特征。新一代的人工智能主要是在大数据基础上的人工智能。国际上普遍认为人工智能有三类：弱人工智能、强人工智能和超级人工智能。弱人工智能就是用来改善经济社会发展中生产、分配、交换、消费等社会活动的智能化相关技术和功能，解决特定的具体问题，还没有达到模拟人脑思维的程度。强人工智能是非常接近人类智能的技术，可以理解和解决复杂问题，进行抽象思维，需要数学、脑科学、计算机科学等的突破发展。超级人工智能需要在脑科学和类脑智能有极大发展后，产生所有领域都超过人类大脑的超强智能技术系统。目前，人类已经掌握了弱人工智能，正朝着强人工智能迈进。①

人工智能提供教师终身学习的机会。基于人工智能的在线学习平台和基于数据挖掘的学习者分析是建构终身学习系统的关键技术，为教师提供了持续扩展未来知识和技能的机会。

新技术能更加有效地为教师构建多样化、个性化的学习服务模式，实现了教师学习的革新，满足了新时代、新形势下教师个人发展和社会对教师发展的要求。

---

① 参见关成华、黄荣怀主编：《面向智能时代：教育、技术与社会发展》，117页，北京，教育科学出版社，2021。

第四章
构建教师混合式
学习生态系统

第一节　教师混合式学习生态系统概述

伴随着互联网、大数据、人工智能等信息技术的发展，混合式学习逐渐被人们了解和认可。混合式学习应用于各类学习实践中，应用到教师学习中就是我们所说的教师混合式学习。教师混合式学习为教师提供了一种开放的生态学习环境，在各类技术应用及网络资源的支撑下，教师与他人形成了无边界学习型组织及线上线下融合的学习关系，形成了广泛的认知、情感及社交网络。在物理空间、数字空间共同构筑的学习生态中，教师将自身认知、情感、社交、反思、实践融为一体，教师学习也呈现出多种生态属性。

一、教师混合式学习的生态属性

（一）整体性

教师混合式学习包括三个方面的组成元素，即学习主体、环境、知识。各组成元素之间既相互独立，又相互联系、相互作用，不可分割，构成了一个统一的有机整体。系统要产生良好的运行效果，需要所有组成元素的积极参与。教师在时间、空间上形成了一种完整、连续、有序的学习状态，有利于实现个体学习和集体学习的统一、理论学习和实践学习的统一、行动学习和反思学习的统一。在教师混合式学习中，学习者具有更大的自主性和主动性，自组织性增强。他们根据自己的兴趣和需求选择学习内容和学习方式，主动组织自己的学习，包括组成学习群体、建立学习制度、协商分配角色，相互支持，相互教授，借助共同体的力量适应系统内外的各种变化，使得学习活动系统从混沌走向有序。教师混合式学习突出的自组织性和多元素构成呈现出整体性这一生态属性。

（二）适应性

教师混合式学习中多元的学习环境和丰富的学习资源，能够满足不同学习者的不同需求，尊重学习者在学习内容、学习风格和学习方式上的差异，激发学习者的学习兴趣和学习主动性。因此，教师混合式学习更具适应性。适应性主要体现在两个方面：一是提供给学习者多种环境和资源，满足学习者的需求；二是体现出学习者的能动性，学习者主动适应环境，利用环境的一切有利因素来改变自身。教师混合式学习中多元的学习环境和丰富的学习资源为学习者自主选择到所需的学习内容和学习方式提供了可能，吸引并引导学习者积极利用环境中的有利因素来促进自身发展。

（三）多样性

教师混合式学习有多种类型的学习环境，有不同认知风格的学习者和不同身份的支持者，有丰富的学习资源和学习活动，呈现出多样性这一生态属性。在教师混合式学习中，知识以多样态存在，在多主体、多渠道之间实现流动。由于整个学习空间的拓展，尤其是网络空间的延展，学习资源的数量、形式等都更加丰富。从学习资源的性质上讲，既有高度抽象概括的理论型资源，也有充满实践智慧的经验型资源；从学习资源的来源上讲，既有书本上的知识，也有交流中的观点，还有生活中的经验；从学习资源的存在形式上讲，既有文本、音频，也有视频、动画等多种形式。不论是理论知识，还是实践知识，只要有益于教师专业成长，都是教师学习的内容。

（四）互动性

教师混合式学习是一个基于多生态主体，在多种交互方式作用下形成的生态系统，学习者可以和其他学习者个体或群体、学习环境、学习资源之间建立连接，进行互动，经与外界进行资源等多方面的积极互动实现自身的提升。教师混合式学习既包括与环境、资源互动中的个体学习，也包括参与到真实或者虚拟社群中的集体学习，如物理或网络空间的协作探究、研讨交流等。学习者在各种互动的过程中，实现了知识的流动、经验的共享、智慧的沉淀。

二、教师混合式学习生态系统的构成

（一）生态环境

随着数字技术的发展，人们的学习、工作和生活在现实与虚拟、线上与线下快速切换，多任务、多线程并行成为常态。同样，混合式学习也成为教师学习的常态。作为学习主体的教师，生活在社会大环境、学校小环境以及由信息技术建构的数字学习环境之中。因此，我们说教师混合式学习的环境包括物理环境和数字环境，具有多样性和无边界性。

教师既可以在学校、图书馆、科技馆等不同的场所进行现场学习，也可以在家或任何有网络的地方进行在线学习；既可以在一个学习组织中学习，也可以跨越不同的学习组织进行学习。教师在不同的空间自由切换，以满足自己的学习需求、适应自己的学习风格。教师混合式学习生态系统环境的多样性和无边界性，为学习者提供了更多的学习机会，同时增强了学习的便捷性和灵活性，既能够更好地满足学习者的学习需求和学习兴趣，也能够更好地适应学习者的学习节奏和学习习惯。

（二）生态主体

人是混合式学习生态系统的主体。我们认为，教师混合式学习生态系统具体包括政策研究者和制定者、理论研究者、培训师①、教师（学习者）等不同主体。他们各自扮演不同的角色，但都对教师混合式学习生态系统的发展起着至关重要的作用。

政策研究者和制定者为高质量教师混合式学习生态系统构建提供政策引导。制定的政策既要体现对未来发展趋势的引领，又要包含对当下实践的规约，因此，政策研究者和制定者需要综合考虑技术发展、社会需求、学习质量乃至伦理规范等要

---

① 教师混合式学习会涉及设计者、指导者、组织者，指导者会同时扮演设计者、组织者这两个角色，当然这三个角色也可能由不同的人来扮演。本章在涉及设计者、指导者、组织者多个身份时，不再区分，使用"教师培训师"一词代替，简称"培训师"。参见余新：《教师培训师专业修炼》，6页，北京，教育科学出版社，2012。

素，以便为教师混合式学习提供全面支持。理论研究者则负责围绕教师混合式学习开展系统而深入的研究，从不同层面(宏观、中观、微观)、不同视角(社会学、教育学、脑科学、心理学等视角)研究教师混合式学习的高质量发展，以提供相关理论支持与实践指导。培训师是教师混合式学习生态系统中的另一个关键角色。他们通常融合政策、理论与实践，提供实践指导，支持教师在混合式学习中的自我学习和探索，以提高其能力水平、促进其全面发展。教师作为学习者需要理性认识、有效反思自己在物理空间和数字空间的学习，尤其是要提升自身在数字空间中作为主体的审辨力，规避技术带来的负面影响，提高自己的教学和学习能力，以便更好地应对不断出现的挑战。教师混合式学习生态系统需要多角色的共同参与，只有各方共同努力，才能实现良性发展。

(三)生态"给养"

知识是教师混合式学习生态系统的给养，在整个生态系统中知识是动态流动的，并且是不断更新和进化的。如果学习者仅仅从事知识获得的活动，那么该生态系统充其量只满足于遗传性的知识传承；如果学习者开展共享知识、反思知识和践行知识的活动，那么该生态系统则走向变异性的知识创造。[1]李江等将"互联网+"时代教师培训的特征概括为个性化、碎片式、交互式，强调了学习者主动建构知识，在协作中实现知识的创生与传递。[2] 在这个生态系统的整个环境中，知识以多种形式进行流动，学习者和其他个体或群体、物理或数字环境等进行互动，从中获取知识，不断建构、内化知识，进而创新知识，并在互动的同时，将知识分享出来，以使其他学习者可以获取、传递。已有知识通过多种形态和多种渠道进行共享与传递，学习者可以继承已有知识，也可以通过实践、反思、协作、交流等实现知识创造，如图4-1所示。个体与共同体在学习过程中相互贡献和相互塑造。

---

① 参见尹睿：《个人网络学习空间支持教师学习的生态研究》，50 页，北京，高等教育出版社，2020。

② 参见李江、夏泽胜：《"互联网+"时代的教师培训：模式更新、价值证成与行动路径》，载《教师教育研究》，2020(4)。

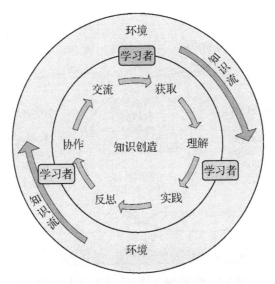

图 4-1　教师混合式学习生态系统知识的继承与创造

作为主体的学习者通过与学习环境产生积极的互动来进行学习，而不仅仅只是汲取、存储和再现信息。学习者的每一次知识获取及知识分享都是一次知识传承的过程。与此同时，共同体中的每一个成员不仅继承先前的知识，而且能够从当前的实践环境中获得某些特定知识的新意义，促成知识创造。这个生态系统的发展形成了继承—创造—再继承—再创造的不断循环过程。知识在学习者个体、学习者群体、网络学习空间以及真实教学工作场所、现场培训场所等中不断流动，形成了由学习者个体思维到教学实践再到集体思维的知识流，促进了物理空间与数字空间、学习者个体与学习者群体的知识连接，有机整合了不同空间、不同层次、不同维度的知识。在这个过程中，知识在学习者个体与学习者群体以及多维学习环境之间实现了共享、转移、应用和内化，知识结构得以创新、丰富和完善，进而实现了知识创造。知识的创造有利于这个生态系统朝着更优的方向进化、发展。

（四）生态系统结构

教师在不同时间跨越不同的学习空间，通过与物理环境、数字环境的互动，与学习资源的互动，与其他学习者或者培训师等人的互动实现了线上线下混合式学习。基于教师混合式学习的生态属性、环境结构、主体结构、知识特征和教师主体的学习过程，构建出如图 4-2 所示的教师混合式学习生态系统结构模型。

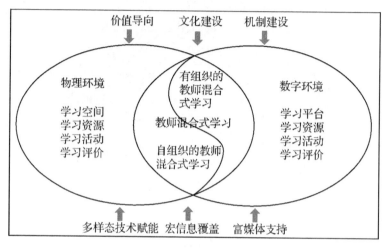

图 4-2　教师混合式学习生态系统结构模型

在高质量的教师混合式学习生态系统中，价值、文化、机制的影响不容小觑。价值导向指的是一个人或组织所追求的核心价值和目标，是一种基于价值观念的行为导向。在人类社会中，较为稳定的价值观念能够影响个人的生活方式、社会行为，是人类行为的基础。教师混合式学习要有明确的价值导向，明确培养什么样的教师、为谁培养教师以及怎样培养教师。联合国教科文组织研究员苗逢春也提到在技术强势驱动逻辑主导下，更要强化人文主义价值导向，坚定人本取向，避免将人数据化与物化，避免忽视人的情感需求，避免出现"技术主导，人类仆从"的现象。

文化建设主要体现在物理空间和数字空间的融合设计上，倡导诚信、自律的学习文化，以及制定一些学习规则等，创造一个平等、自由、开放、信任的学习空间，营造一个积极向上、开放包容的学习氛围，为教师提供一个良好的学习环境和发展空间。机制建设是教师混合式学习高质量发展的前提和保障。首先，政府和学校应该为教师学习提供政策和制度保障，并切实给出教师学习的时间，鼓励教师学习。其次，政府和社会应该提供多样化、系统化、可持续的学习机会和资源，推动教师不断更新自己的知识和技能，提高教学质量。混合式学习机制的建设需要政府、学校和社会各方的共同努力。只有建立完善的机制，才能有效地促进教师混合式学习的高质量发展，有效解决"难以满足教师真实的专业发展需求，缺少精准与个性化；教师学习投入难以高质量维持，学习低效；学习成果难以直接转化，能力短板"①等教师专业发展的现实困境。

教师混合式学习生态系统结构中的物理环境和数字环境分别包括学习空间和学习平台，除此之外，二者还都包括学习资源、学习活动和学习评价。学习空间是指现场的学习场地。一个好的学习空间应该是开放的、灵活的，能提供多样化的学习环境和学习支持，帮助教师实现更好的学习效果。学习空间不应该只限定在教室内，而应该包括多种场所，如图书馆、实验室等。学习空间应该具有多种不同的功能和用途，可以根据教师的需求和不同的学习活动进行灵活调整。学习空间应该具有丰富的设施和设备，如计算机、投影设备、电子白板等，方便教师进行学习活动。此外，学习空间的使用也应该是方便和自由的，教师可以自由选择适合自己的学习时间和学习方式，同时也应该得到足够的学习支持和指导。学习平台是指自组织或有组织的教师混合式学习中线上学习所访问的所有学习平台。在有组织的教师混合式学习中，教师往往会选择一个有学习管理系统的网络平台作为主要学习平台，以便进行学习资源的管理、学习活动的组织以及进行精准的学习评价。

三、教师混合式学习生态系统的关键特征

（一）运行特征：开放有序、动态平衡

在教师混合式学习生态系统中，学习者可以通过电脑、手机等设备随时随地获取所需的知识，同时也有机会分享自己的知识。学习者可以跨越时空界限进行学习并与其他学习者会聚在一起进行分享与交流，获得不同学习者对知识的理解。学习途径和学习内容变得更加自由、开放。在这种开放的学习环境中，学习者具有更多的自主权，能够根据自己的学习需求和目标自主选择学习资源和工具，自主确定学习计划和学习进程。这种学习环境能够激发学习者的自主性和主动性。教师混合式学习生态系统既是开放、自由的，同时也有自己的运行规则，以实现安全有序

---

① 冯晓英、林世员：《"互联网+"时代教师培训的新路径与新模式》，73 页，北京，首都师范大学出版社，2022。

运行。

教师混合式学习生态系统是动态发展的。关键技术的突变与发展改变了学习方式，拓宽了学习渠道，丰富了互动方式。知识流是开放性的，每个人都有机会分享自己的知识，这有助于知识的共享和创新。在知识共享、协作学习、实践探索、反思交流等不同的学习活动和过程中，个体之间的协作关系会因任务及其进程的不同而变化。在教师混合式学习生态系统中，不同学习者的生态位会随着知识的供给变化和学习过程的发展而有所改变。技术的发展、知识的不断更新和演化、协作关系的变化、生态位的改变等促进了生态系统的迭代变换和动态发展。

（二）认知特征：分布式认知

区别于传统认知观仅关注个体的认知发展过程，分布式认知更加强调人与人、人与技术、人与环境相互作用而实现某一活动的观点。分布式认知跳出了传统认知强调个体认知的局限，以功能系统为新的分析单元，认为智能存在于学习环境、学习者使用的工具、学习者之间的交互以及所有学习者之中，强调交流、合作的重要性，以及构建学习环境的重要性。教师混合式学习生态系统中多元化的知识、学习者和学习方式，以及学习者之间的协作、共享等特点，都说明它是一个典型的分布式认知系统。

首先，教师混合式学习生态系统中的知识不仅来自个体的认知，而且来自不同个体之间的协作、交流和共享。这些知识可以来自不同的文化、领域、语境等，这就意味着教师混合式学习生态系统中的知识是多元化的、分布式的。其次，教师混合式学习生态系统中的学习者和学习方式也是多元化的。不同的个体在认知系统中扮演不同的角色，他们拥有不同的知识背景、能力和经验，可以相互学习、交流和协作。学习者可以通过不同的设备（如电脑、平板、手机）进行学习，也可以在不同的时间、地点进行学习，这种分布式的学习方式可以更好地满足不同学习者的需求。最后，教师混合式学习生态系统中的个体相互协作、共享知识，有助于他们相互补充、相互促进，从而提高了整个认知系统的效率和准确性。他们也可以通过交流和协作创造出新的知识，进一步推动认知系统的发展。

(三)伦理特征：遵守诚信、保护隐私等伦理规范

在教师混合式学习中，学习者与其他学习者、培训师之间的联系更多地依赖网络，他们更多地通过技术工具进行沟通和交流，这就需要他们更加遵守诚信的伦理规范。由于网络的虚拟性质，因此人们在网络上的行为往往比在现实生活中更加隐蔽。伦理规范在教师学习，尤其是在网络空间的学习中显得更为重要。在教师混合式学习中，学习者在享受便捷获取知识的同时，增加了学术不诚信的风险。因此，学习者更要有坚守学术诚信、尊重教育资源提供者知识产权和版权的意识，积极避免该风险。教师混合式学习不同于传统的教师学习，涉及个人信息和学习过程数据等大量数据的收集、存储、处理和分享，面临着个人隐私信息泄露、数据滥用的危险。因此，教师混合式学习生态系统的运行要遵守相关的隐私政策和法律法规，学习者要增强数据安全意识，注重隐私保护、学习数据保护，避免信息、数据的泄露和滥用。同时，学习者要尊重他人隐私、尊重他人言论、遵守网络安全规范等。学习者需要有红线意识、底线意识，注意无论是在物理空间还是在数字空间，自己的一言一行都要遵守伦理规范，避免发布带有攻击性、歧视性或者其他不当内容的言论。在教师混合式学习中，这些伦理规范可以保障教师在线上线下都拥有更加健康、和谐的学习环境。

(四)情感特征：学习者容易感到孤独无助

在教师混合式学习中，学习者可能更容易感到孤独无助，因此需要建立多种情感表达渠道，以便于学习者表达自己的情感，寻求其他学习者或者培训师的情感支持。多元激励理论、自我决定理论、成就目标理论都将情感支持确定为提高学习者学习动力的关键因素。[1] 培训师需要注意倾听学习者的声音，尊重学习者的意见和观点，关注学习者的情感状态，及时发现并解决学习者在学习和生活中的问题，鼓励学习者在学习中探索和尝试，并适时给予积极的反馈和支持。培训师和学习者以及学习者之间可以通过线上线下合作探究、互动交流等建立情感联结、产生情感共

---

① 参见赵呈领、李红霞、蒋志辉等：《消除在线学习者倦怠：教师情感支持的影响研究》，载《中国电化教育》，2018(2)。

情，以增强学习者的参与感和归属感，提高学习者的学习积极性和保持学习者的情感健康。

第二节　有组织的教师混合式学习设计

混合式学习的目的不是重塑和提升传统课堂，也不是让在线学习更被人接受，而是将两者的优势有机结合起来，从而超越单个教学环境所拥有的能量。混合式学习是面对面学习与在线学习的融合，其融合效果不是加法效应，而是乘法效应。[①]有组织的教师混合式学习旨在把传统学习和在线学习的优势结合起来，这样既能充分发挥培训师引导、启发、监控学习过程的主导作用，又能充分体现作为学习主体的学习者的主动性、积极性、创造性。培训师以辅助者、导向者和促进者的身份帮助学习者进行学习，为学习者提供便利的学习条件、丰富的学习资源和有效的学习指导。学习者在这样的学习环境和学习氛围中进行学习，能够潜移默化地受到以学习者为中心理念的影响，领悟到信息技术和教学的融合创新。教师混合式学习的过程，对于学习者在自己的教学中坚持以学生为中心、实现信息技术和教学的融合创新起到了启发、引导作用。

混合式学习不是添加剂，它代表着对课堂交流时间的重新组织，以此来提高学习者的参与度，增加学习者基于互联网的学习机会。最重要的是，混合式学习改变了教与学的结构和途径，它是根本性的教育再设计。[②]教师混合式学习自然继承了其特征。因此，教师混合式学习打破了传统教师学习的结构和组织。本节重点讨论有组织的教师混合式学习的设计，从设计依据、核心结构和设计流程、设计要素三个方面阐述。

---

① 参见［加］兰迪·加里森、［加］诺曼·D. 沃恩：《高校教学中的混合式学习：框架、原则和指导》，丁妍、高亚萍译，5 页，上海，复旦大学出版社，2019。

② 参见［加］兰迪·加里森、［加］诺曼·D. 沃恩：《高校教学中的混合式学习：框架、原则和指导》，丁妍、高亚萍译，4 页，上海，复旦大学出版社，2019。

一、设计依据

除了前面介绍的生态化成人学习理论，探究社区模型、动态支架设计模型和在线学习五阶段模型也是有组织的教师混合式学习设计的重要依据。

(一)探究社区模型

2001 年，基于加拿大阿萨巴斯卡大学在线学习和混合式教学的实践与社会建构主义理论，加里森(D. R. Garrison)等人提出了探究社区模型。探究社区模型是在线学习和混合式学习领域一个动态的、过程导向的教学理论模型。[1] 在探究社区中，群体中的个人参与知识的形成并对问题进行实证研究，其核心要素包括社会临场感、认知临场感和教学临场感。探究社区模型可以解释混合式学习环境中有效的学习成果，对混合式学习环境下教学活动的设计提供指导。[2] 社会临场感指的是学习者与其他学习者建立联系的能力，是学习者与其他学习者交流并在班级形成个人有效关系的信任能力。认知临场感指的是学习者在探究社区中通过讨论和反思建构意义的能力。教学临场感指的是整体学习的设计、促进和指导，从而确保学习者获得有意义的学习成果。[3] 这三者是影响教师混合式学习效果的重要因素，三者之间是相互影响、相互促进的关系，只有这三者都达到较高水平时，学习才更具有效性。按照探究社区模型，教师混合式学习应特别关注社会临场感、认知临场感以及教学临场感的创设。教师混合式学习需要为教师创设高临场感的、真正参与式和探究式的混合式学习共同体，促进教师知识的建构，实现教师理论知识与实践知识的相互转化。

---

① 参见兰国帅:《探究社区理论模型:在线学习和混合学习研究范式》，载《开放教育研究》，2018(1)。

② N. D. Vaughn, M. Cleveland-Innes & D. R. Garrison, *Teaching in Blended Learning Environments: Creating and Sustaining Communities of Inquiry*, Athabasca, Athabasca University Press, 2013, pp. 25-32.

③ 参见冯晓英、郭婉瑢:《"互联网+"时代的混合式教师研修:理念与实施路径》，载《教师发展研究》，2021(1)。

(二)动态支架设计模型

关于如何创设社会临场感、认知临场感、教学临场感，冯晓英等人提出了混合式学习动态支架设计模型，即在混合式学习过程中，社会临场感、认知临场感、教学临场感的支架强度应是不同的、变化的。混合式学习可以划分为初期、中期、后期三个阶段。在混合式学习初期，社会临场感的支架强度应为最高，教学临场感的支架强度次之，认知临场感的支架强度最低。在混合式学习中期，教学临场感的支架强度应为最高，认知临场感的支架强度次之，社会临场感的支架强度逐渐减弱。在混合式学习后期，认知临场感的支架强度应为最高，教学临场感的支架强度次之，社会临场感的支架强度最低。① 动态支架设计模型是针对社会临场感、认知临场感、教学临场感三个要素在混合式学习不同阶段的不同表现特点提出的，为教师混合式学习的整体设计、实施和评价指出了具体方向。

(三)在线学习五阶段模型

2004 年，英国学者萨尔曼(Salmon)基于大量在线学习的实践发现，学习者在开展在线学习的时候有五个阶段。在第一个阶段，学习者访问课程、熟悉平台、熟悉各种软硬件工具。第二个阶段是在线社会化交互阶段。学习者通过发送和接收信息，在网上探寻、建立在线社会化交互。第三个阶段是信息交流阶段。在这个阶段，学习者开始进行课程学习，包括查阅资料、完成学习任务。第四个阶段是进一步深入知识建构阶段。学习者通过个人、小组的学习活动，促进深度交互，形成自己或者小组的观点。第五个阶段是自我发展阶段。学习者需要对课程理念有自己的思考，重新进行梳理，总结反思以及提升应用。②在线学习五阶段模型概括了在线学习的发展阶段及其特点。在线学习五阶段模型为教师混合式学习线上学习部分的设计提供了参考。线上学习不是新技术与旧教学法的叠加，不应再被视为教学的补充，而应被看作实施新教学法必需且有价值的要素。有组织的教师混合式学习要注意充分挖掘并发挥出它的价值。

---

① 参见冯晓英、孙雨薇、曹洁婷：《"互联网+"时代的混合式学习：学习理论与教法学基础》，载《中国远程教育》，2019(2)。

② 参见冯晓英：《在线教学的"54321"》，载《中国教师》，2020(6)。

二、核心结构和设计流程

(一)核心结构

有组织的教师混合式学习的关键要素是学习者、培训师和学习平台。这些关键要素相互作用，实现了线上学习和线下学习两大核心，勾画出有组织的教师混合式学习的"三要素、两核心"结构模型，如图4-3所示。

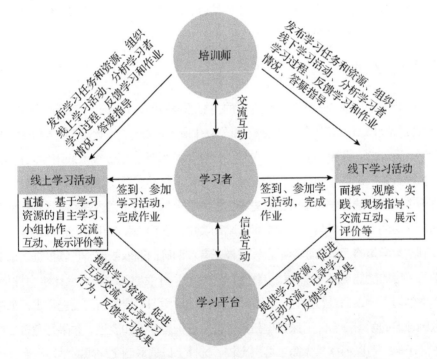

图4-3　有组织的教师混合式学习的"三要素、两核心"结构模型

学习者一边与培训师进行交流互动，一边和学习平台保持信息互动；学习平台连接着学习者、培训师，承载着学习资源，连接着线上和线下学习，支持线上和线下学习的有机结合并发挥其优势。

线上学习经常采取同步直播学习和异步自主学习两者相结合的方式。同步直播学习是指培训师以直播的组织形式进行授课，学习者通过学习平台观看直播并进行实时交流互动。异步自主学习是指以学习平台提供的学习资源支持学习者自主学习、培训师非实时答疑指导的模式。培训师需要提前在学习平台上传相关的学习资源，并明确具体的学习任务和学习时限。在规定的时间范围内，学习者可自由安排自己的学习进度和学习过程。线上学习除了直播、基于学习资源的自主学习外，还有小组协作、交流互动、展示评价等。线下学习包括面授、观摩、实践、现场指导、交流互动、展示评价等多种形式。线上交流时间更灵活，参与的学习者数量更多，更加便捷自由，效率更高。面对面交流更容易解决问题、达到目标、完成任务。利用好线下学习过程有利于实现难点的突破，增强学习者的凝聚力，激发和维持学习者的学习动机。注重学习与实践的结合，能促进学习的迁移与转化，让学习者的学习在工作实践中产生价值。

(二)设计流程

以培训师可以改变的因素为设计中的主要思考方向，有组织的教师混合式学习设计遵循"十步设计法"，其基本流程如图 4-4 所示。"十步设计法"具体包括分析学习者、确定学习目标、组织学习内容、分解学习目标、划分线上线下学习内容、制定教学策略、选取学习平台、设计线上线下学习活动、开发学习资源、设计学习评价十个环节。选取学习平台，首先考虑学习平台的易用性，然后考虑其功能能不能满足学习内容的组织与呈现和教学策略的实施。在明确和细化学习目标与学习内容、制定教学策略后选取学习平台，这样既有较明确的选取依据，也能根据了解到的学习平台的功能更好地设计线上线下学习活动、开发学习资源、设计学习评价。在选取学习平台之后进行设计、开发时要能发现对学习平台的新的功能需求。如果是定制开发的学习平台，可以根据新需求进行进一步开发和改进。如果是免费公用的学习平台，可以根据具体需求再次比较、选择，以选取到更理想的学习平台。

根据设计流程完成设计和开发工作后，接着进行实施过程的规划，以便将设计真正落实。具体可以通过两张表格来规划：一是站在学习者角度形成的学习日程表，二是培训师的工作日程表。学习者的学习日程表需要把每一段学习的时间范围、要完成的学习目标、要参加的学习活动及具体要求、要完成的作业及其要求等都规划、表述清楚。学习者的学习日程表可以为培训师团队的工作日程表提供对照，两个表中的时间点和行为应该是一致的、连续的。对应学习者学习日程表中每一段学习之前、之中和之后，培训师要做的事情和对应的时间点应在培训师工作日程表中罗列清楚，如上传哪些学习资源并在什么时间完成、组织什么学习活动及活动时间、学习过程答疑和指导的安排、作业反馈的安排、评价的安排等。如果这些工作不是一个培训师完成的，那么可以按每个培训师一张工作日程表单独规划，或者在同一张工作日程表中把不同任务具体对应的负责人员写清楚。

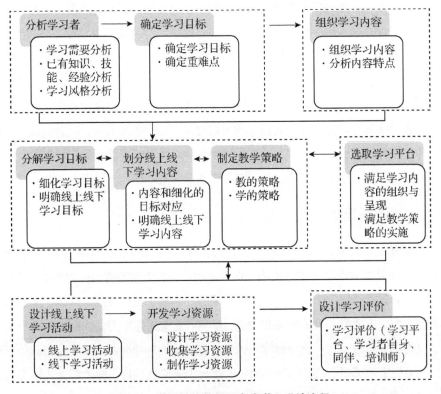

图4-4　有组织的教师混合式学习设计流程

三、设计要素

相对于传统的面对面的教师学习，教师混合式学习时长会增加。随着学习时长的增加，学习者对学习活动的新鲜感会降低，学习兴趣和学习动机会减弱，尤其是线上学习，由于临场感不高，学习者容易在学习过程中游离。特别是当线上线下衔接不紧密、学习活动形式单一、体验感弱、交流互动少、反馈不及时等情况发生时，学习者更容易出现缺乏学习兴趣和学习动机、参与不积极甚至是退出学习的现象，导致学习效果大打折扣，根本无法发挥出教师混合式学习的优势。

线上线下的转化、线上学习不同任务间的切换等都会增加教师的认知负荷，尤其是目前教师群体大部分不是数字原住民，这种新的学习方式打破了他们的行为习惯和思维习惯，导致他们感到学习负担增加了，甚至失去了学习兴趣。因此，需要通过优化设计来减少这种认知负荷。教师混合式学习给予教师在学习时间、学习空间、学习资源、交流方式等方面更多的自主和选择权，也更需要教师具有学习的主动性，能主动参与、主动反思、互动交流。

因此，有组织的教师混合式学习设计需要考虑如何通过外部优良设计激发和维持学习者的学习主动性、优化其自主学习的过程体验和学习效果，以避免以上问题的发生。在教师混合式学习中，物理环境和数字环境是相互关联的，线上与线下学习是有序进行的，形成了整条的目标链、资源链、活动链和评价链。

（一）目标链设计

实现有效、高效的混合式教学，首先要强化目标设计，或者说找到教学的"魂"，并由其引领混合式学习策略、学习活动、学习资源等的设计。[①] 学习目标的确定只有紧紧围绕学习者的真实需求，学习者才会真正觉得有用。这样才能引起学习者的关注、激发学习者的兴趣和动机，学习者才能愿意学习，才有可能将所学知识、技能和经验应用在自己今后的实践中。有组织的教师混合式学习要想取得好的效果，首先要有清晰、准确的学习目标，以此引领整体设计。教师混合式学习目标可以通过调查分析学习者来明确，以保证更贴近学习者的需求。

1. 分析学习者，明确目标

诺尔斯认为，成人与儿童在学习上有很大差别，成人具有更大的自主性和独立性，往往以经验为主，学习在更大程度上是为了解决实际问题和更有效地承担起社会职责。[②]教师的学习不像中小学生的学习，中小学生的学习有明确的课程标准、

---

① 参见冯晓英、曹洁婷、黄洛颖：《"互联网+"时代混合式学习设计的方法策略》，载《中国远程教育》，2020(8)。

② 参见余新：《教师培训师专业修炼》，68页，北京，教育科学出版社，2012。

可供选择的配套教材，而教师的学习基于工作需求、问题解决。教师作为学习者，其学习需求、学习特点与其他群体有着不同之处。教师学习专业化是必然趋势，专业化的关键是需求分析。①每位教师都可能产生个性化的问题和需求，有研究表明不同教学水平、不同性别和年龄的教师在学习需求方面具有很大差异。② 需求分析有效开展是教师学习的前提，教师混合式学习当然也不例外。在教师混合式学习中，学习方式、学习资源、学习评价等都发生了变化，因此为了更好地了解教师混合式学习，需要调研先行，既要了解学习者的真正需要和存在的问题，又要了解学习者的学习特点、对混合式学习的准备程度和适应性水平。这样才能确定科学合理的学习目标，组织适切的学习内容，选择恰当的学习策略等。调研先行有利于准确对接学习者的真实需求和现状，实现以学习者的真实需求为基础、以学习者的现状为起点的有效学习。教师混合式学习组织要提高对学习者分析的重视程度，注意分析的全面性、精准性。

分析学习者主要从分析学习者的学习需求、学习者特征两方面进行。在了解学习者的真实现状、目前存在的真实问题，倾听学习者的需求表达和想法的基础上，分析出学习者真正的学习需求。分析学习者特征主要包括分析学习者已有知识和经验、学习环境、学习支持、对混合式学习的接受度、计算机使用水平、学习特点、学习风格等方面。分析学习者已有知识和经验、学习环境、学习支持、对混合式学习的接受度、计算机使用水平等的目的是了解学习者的学习准备和对混合式学习的适应情况。对学习者学习特点和学习风格等的了解，为学习目标的确定，以及学习内容的选择和规划、学习活动的设计和组织、教与学策略的制定、学习资源的设计等教学外因条件适合于学习者的内因条件提供了依据，从而使教师混合式学习能够真正丰富学习者的学习体验，提高学习者的学习效率，促进学习者的专业化发展。分析学习者可以通过调查问卷、访谈、文献研究、作品分析等方式进行。

先分析学习者的学习需求和学习者特征，再确定学习目标，使学习目标和学习者的学习需求和学习者特征对应起来，避免学习目标与学习者脱节。在正式学习前

①　参见翁伟斌：《教师培训走向何方——对教师培训的审视》，载《上海师范大学学报（哲学社会科学版）》，2020（3）。

②　参见吴林静、张少帅、刘清堂等：《网络研修中教师研修需求的差异性研究——基于研修计划的认知网络分析》，载《电化教育研究》，2020（12）。

通过预告的形式引导学习者了解学习目标，让其了解学习目标和自身需求的匹配度、对于自己的价值，以充分引起学习者的关注并促进学习者为学习做好心理和客观上的各种准备。

2. 分解目标，形成目标链

一个学习目标的完成，可能通过不止一个学习活动，可能需要很多步骤、环节和时间，这就需要将学习目标进行分解，并且分析每一个分解后的学习目标是适合线上还是线下来完成。分解后的学习目标更清晰、明确，和线上或者线下学习活动的对应性更强，更容易实现。这样做能降低学习者的学习压力、增加其成功体验、增强其自我效能感，使其形成较好的学习体验。分解学习目标，一定是在充分了解学习目标的难易和复杂程度，学习者已有的知识、经验及学习风格，线上线下学习的不同特点，学习平台的功能等多项内容的基础上进行的。这样才能充分利用线上学习和线下学习各自的特点，实现二者的有机结合，充分发挥出混合式学习的优势。分解学习目标，然后形成前后有序、线上线下交叉的目标链。

3. 组织内容，优化目标链

围绕学习目标组织学习内容和划分线上线下学习内容的过程，也是对形成的目标链进行再次核准的过程，可以使学习目标更精准，目标链更合理。

学习内容是指为实现学习目标，学习者系统学习的知识、能力和行为经验的总和。教师学习不是根据固定的教材内容照本宣科，而是针对教师需求，帮助教师解决现实问题，改进教师的教育教学工作，促进教师的专业化发展。因此，学习内容应该根据确定的学习目标、综合考虑学习者的已有知识和经验进行组织，要对接学习者的真实需求。分析学习内容要以总的学习目标为基础，旨在规定学习内容的范围、深度和揭示学习内容各组成部分的联系。学习内容的范围指学习者必须达到的知识和能力的广度，深度规定了学习者必须达到的知识的深浅程度和能力的质量水平。明确学习内容各组成部分的联系，为学习顺序的安排奠定了基础。所谓学习顺序，是指把这些规定了广度和深度的知识与能力，用学习者所理解和能接受的形式加以序列化。所以，学习内容的组织既与学什么有关，又与如何学有关。对学习内容的组织有利于进一步判断学习目标是否适宜，某个分解目标到底适合在线上还是在线下来完成，目标链前后顺序是否合理，以进一步确认学习目标、优化目标链。

(二)资源链设计

对应目标链，需要有相应的资源链，以支持教师达到学习目标。构建怎样的资源链、如何改进资源供给与评价，是有关资源链的重要问题。

1. 资源链构建

教师对学习资源的需求具有更新快、要求高、差异大的特点。[1]因此，只有构建内部与外部学习资源互动、生成性与预设性学习资源结合、线上与线下学习资源联结的资源链，才能满足不同教师不断发展变化的需求，助力有组织的教师混合式学习的高质量发展。

内部学习资源指的是在一个有组织的教师混合式学习系统内部提供和使用的资源。在有组织的教师混合式学习中，培训师担任着学习资源规划、设计、组织、开发的重要任务，首先根据学习者、学习内容、学习平台等的特点规划需要哪些学习资源，然后进行选择、收集、修改或者制作。线下的学习资源可能是具体的物理场所、仪器设备、印刷品等实体资源，也可能是文本、图片、音视频、虚拟实验等数字资源。随着移动互联网在教育领域的深度应用，碎片化供给可以使学习者借助碎片化媒体，利用碎片化时间，整合碎片化资源，弹性开展各类正式与非正式学习。[2] 学习资源的微型化、情景化，能吸引学习者，便于学习者学习。培训师要斟酌如何使用恰当的媒体表达学习内容，要评估学习资源的类型、长短是否适用。围绕学习目标收集或开发好学习资源之后，培训师要把这些预设性学习资源按需进行合理编辑、整合，根据学习计划发布出来，为学习活动做好准备，以便学习者利用这些学习资源进行自主学习、小组合作、展示评价等多种形式的学习活动。这部分学习资源直接针对该学习系统内的学习者和学习目标组织、开发，通过选定的学习平台和学习者互动。

外部学习资源是指除了上述内部学习资源之外的所有资源。我国正在推进教师学习资源供给改革，推进教师数字化学习平台建设，以实现优质学习资源的汇聚与

---

① 参见任友群、冯晓英、何春：《数字时代基础教育教师培训供给侧改革初探》，载《中国远程教育》，2022(8)。

② 参见白蕴琦、冯晓英、陈丽：《"互联网+"时代教育服务供给模式改革的趋势和策略》，载《终身教育研究》，2021(2)。

共享、学习资源结构的逐步完善。国家智慧教育平台已正式上线。它是一个综合集成的总平台，拥有大量的课程资源，还专门设置了教师研修板块。有组织的教师混合式学习要充分利用外部已有的优质学习资源，实现与内部学习资源的互补，使教师学习资源更加丰富、好用。丰富的、多种类型的学习资源，可以吸引学习者的眼球，丰富学习者的感知，满足学习者的个性化需求，同时让学习者感受到学习过程的自主、便捷、多选择等良好的学习体验。

生成性学习资源是与预设性学习资源相对应的学习资源类型，在教与学的过程中动态生成，具有更强的扩展性、进化性和适应性。① 学习者既是学习资源的接收者，也是学习资源的生产者、传播者，要关注学习过程中生成性学习资源的产生。生成性学习资源的迭代生成和合理应用会使教师混合式学习中的学习资源更加丰富、更有实用价值。内、外部学习资源的结合更利于学习者进行创造性学习、生成新的学习资源。每个个体的积极参与和贡献，促进了资源链的不断生长、迭代、进化。在教师混合式学习中，线上与线下的学习资源虽然形式、获取方式、支持学习的方法是不同的，但也是相互关联、相互配合的。内部和外部学习资源的互动、生成性与预设性学习资源的结合、线上和线下学习资源的联结，形成了一条内容丰富、形式多样、不断更新的动态资源链。

2. 资源供给与评价

为方便学习者浏览和使用学习资源，学习平台的导航要清晰、准确，以避免学习者"迷航"，而且要提供搜索功能，使学习者通过搜索实现快速定位。基于大数据，可以实现学习资源的个性化精准推送。学习平台中学习者的学习行为数据，能有效识别和挖掘每个学习者个体对学习资源的使用情况与需求，由此设计出针对学习者个体的个性化学习资源推荐机制，实现针对每个学习者的个性化学习资源精准推送。基于大数据的个性化内容供给模式支持不同学习者的个体差异。评价学习资源的根本在于学习资源的使用者，即学习者。符合学习者需求、获得学习者认可的资源才是好资源。采集学习平台学习者对学习资源的点击数、下载量、使用时长等数据，建立学习资源评价模型，有利于形成对学习资源的客观评价。

学习资源的个性化精准推送变革了学习资源供给模式，基于学习者学习大数据

---

① 参见杨现民、余胜泉：《生成性学习资源进化评价指标设计》，载《开放教育研究》，2013(4)。

的学习资源评价改变了以往专家评价、依据经验评价的传统。在教师混合式学习中，学习资源供给、学习资源评价理念和技术上的变革，能更好地促进学习资源的优质化，有利于形成更有活力和价值的资源链。

(三)活动链设计

林冰冰等提出教师培训中遇到的两大问题：一是无情境，忽视学习者知识建构过程，培训者经常忽略为学习者创设知识建构过程中所需的有效情境；二是少体验，忽视学习者实践性知识的直接生成。① 为了避免以上问题，提高教师混合式学习的吸引力和学习效果，丰富学习者的体验尤为重要。没有体验的学习，是没有真正参与的虚假学习。要丰富学习者的体验，就需要设计和组织吸引学习者的学习活动。学习活动一般指为达到特定学习目标而进行的一系列组织化的师生行为。② 学习活动能够给学习者提供自己去建立联系的机会；有利于发挥学习者大脑的整体功能，提高学习效率；能让学习者获得成就感，让学习更加快乐；能发展学习者的多种技能。③ 学习活动是教师混合式学习过程中的核心内容，具体的学习过程都体现在一个个顺序开展的学习活动中。如果把教师混合式学习分为初期、中期、后期三个不同阶段，那么社会临场感、认知临场感、教学临场感三个要素的表现特点是不同的。在教师混合式学习过程中，社会临场感由高到低逐步弱化；认知临场感由低到高逐步强化；教学临场感在学习初期创建，在学习中期最强，在学习后期适当减弱。因此不同学习阶段学习活动的类型和目的不同，不同学习活动线上线下的适宜度也不相同。学习初期、中期、后期不同特色的学习活动、线上线下学习活动的交叉进行，形成了一条贯穿整个有组织的教师混合式学习过程的活动链。

1. 学习初期活动设计

学习者处于学习初期阶段时，对新的学习环境、培训师、学习同伴、学习内容都不熟悉。学习者在适应新的学习环境、适应新的角色时会遇到诸多困难，如技术困难、情感孤独的困难、自主学习的困难等，此时获得技术支持、情感支持和社会

---

① 参见林冰冰、张贤金：《混合式教师培训的困境与进路》，载《中小学教师培训》，2021(8)。
② 参见杨开城：《以学习活动为中心的教学设计实训指南》，7 页，北京，电子工业出版社，2016。
③ 参见杨建伟：《翻转学习的设计与实现》，4 页，北京，知识产权出版社，2021。

交往支持是非常重要的。因此，混合式学习初期应着重创设社会临场感，同时建立教学临场感。此时创设社会临场感主要是帮助学习者熟悉新的学习环境、创建友好活跃的交流氛围、建立身份认同和归属感。身份认同和归属感的建立能够使学习者形成紧密的学习共同体和群体向心力。① 学习者的动机、兴趣、态度和对学习的期待直接影响到学习的状态和结果。② 初期建立教学临场感，主要是让学习者了解并信任培训师，了解学习目标、学习内容和学习方法，以激发学习者的学习动机，引导学生者有效学习。这些是后续学习有效开展、学习者积极参与的重要基础。

针对学习初期的特点及需要重点解决的问题，培训师可以设计以下三类活动：一是破冰活动，二是培训师自我介绍，三是学习简介。破冰活动包括"找朋友""介绍小伙伴""小组建立"等。"找朋友"这个活动适合在线下进行。当大家第一次见面时，每个学习者主动寻找与自己有某些相似特征的人，如寻找和自己同一学科、同样教龄、同样爱好的人，并请他们签名。这个活动需要学习者主动沟通交流，并很快增加与其他学习者的熟悉度。在这个活动之前，培训师可以先请每个学习者进行简单的自我介绍。"介绍小伙伴"活动的组织既可以在线上也可以在线下，可以先让每一个学习者做自我介绍，然后请几个学习者介绍一下自己印象最深的小伙伴。这个活动在线上进行时，可以借助在线协作文档。学习者可以将自己的生活照、教学经历、兴趣爱好等自我介绍资料提前放在共享文档中。每个学习者都可以浏览到所有人的自我介绍资料。然后培训师可以组织线上的实时交流活动，请不同的学习者介绍一位印象最深刻或者和自己有相同爱好的小伙伴。这两个活动都能帮助学习者快速熟悉彼此、打破陌生感，形成友好活跃的交流氛围，从而使学习者自由地表达情绪和观点，为后续的学习提供积极的情感支持。研究表明，团队协作能够提高讨论的质量，提高混合式学习的效率。在混合式学习初期，培训师设计"小组建立"活动，通过让小组成员共同设计小组名称、口号，共同商讨角色分工、制定规则等，建立小组成员对小组的身份认同与归属感，形成小组凝聚力。"小组建立"活动最好在线下进行，在后面的学习中，建立好的小组可以直接迁移到线上。"小

---

① 参见王志军：《在线辅导中网络社团的组建和维护：辅导教师社会维度的能力》，载《中国电化教育》，2012(8)。
② 参见曾召文、丁丽：《ARCS模型在教师混合式培训中的设计与实践》，载《中小学教师培训》，2021(1)。

组建立"活动既促进了学习者交流，帮助学习者快速相识，又为今后的学习建立了有力的组织形式。

培训师自我介绍和学习简介两个活动既可以分开进行，也可以放在一起进行。培训师在线上或线下可以直接用语言表达，也可以通过线上发布欢迎信的方式，将自我介绍和学习简介放在欢迎信中。在对学习者表示欢迎的同时，培训师介绍自己以及学习目标、学习内容、学习安排、学习环境等学习的基本情况。具体的学习日程以及学习平台的操作说明一般会独立放在学习平台上，以方便学习者查阅。这些活动帮助学习者了解培训师、学习目标和学习内容等，有助于学习者建立起信任感，激发学习动机，进行有效学习。

2. 学习中期活动设计

在混合式学习中期，学习者正式进入混合式学习。由于混合式学习的组织形式、资源获取方式等都与传统学习不同，学习者需要培训师提供细致、结构化的引导。因此，在混合式学习中期，教学临场感的创设对于学习的有效发生尤为重要。混合式学习的根本目标是促进学习者的深度学习，而学习中期正是帮助学习者深化认知的重要阶段，所以需要创设认知临场感，以支持学习者的问题探究与整合，促进学习者个人及小组知识建构。加里森等人提出了实践探究模型，将认知临场感的发展划分为触发、探索、整合和解决四个阶段。学习中期可以重点设计触发类、探索类和整合类的学习活动来支持学习者认知临场感的创设和知识建构。[①] 在混合式学习中期，学习者往往容易陷入倦怠。[②] 随着学习的持续进行，尤其是线上学习时人和人物理分离的特征，学习者的注意力容易分散，学习兴趣和参与度容易降低。为了保持学习者的学习兴趣和积极性，保持其学习参与度，学习中期还需要创设社会临场感。

针对学习中期的特点及需要重点解决的问题，培训师可以通过设计和组织"案例分析""实践观摩""实践反思""辩论""协作探究"等活动创建教学临场感和认知临场感，促进学习者的理解、应用和反思，引导学习者有效学习；通过设计和组织

---

① 参见冯晓英、曹洁婷、黄洛颖：《"互联网+"时代混合式学习设计的方法策略》，载《中国远程教育》，2020(8)。

② 参见冯晓英、王瑞雪：《"互联网+"时代核心目标导向的混合式学习设计模式》，载《中国远程教育》，2019(7)。

"过关积分""学习清单""为你点赞"等活动创设社会临场感，激发和保持学习者的学习活力。"协作探究"活动尤其应该得到重视。当今社会，网络学习成为常态，如何提升教师高层级参与成为网络学习情境中要破解的问题：教师网络学习途径日趋丰富，但其网络学习行为还处于中低层次，即浏览、查询、精读、评价等，少有协作探究等高层级行为。①教师对互动形式的投入越高，有意义的学习越有可能发生。② 而且已有研究证实，教师专业发展活动提供教师合作学习或共同完成任务的机会，将显著提升教师课堂教学质量。给教师提供主动探索学习的机会，将显著改善教师在参与式教学和学生评价上的表现。③"协作探究"活动能促进学习者的主动参与、深入思考、合作与分享，提高学习者互动投入度。"协作探究"活动可以借助各种合作工具，如腾讯文档、可画协作平台等，支持团队成员共同编辑文档、管理任务、协作完成任务等。

3. 学习后期活动设计

学习者在混合式学习后期，相较之前更多地停留在知识探索和整合阶段。要使学习者加速进入知识的应用和创新阶段，就需要完成知识建构。此时，在实践应用或成果验收的驱动下，学习者知识建构的欲望最为强烈，然而，知识建构对于学习者而言也是最困难的。因此，在这个阶段，培训师需要创建最高强度的认知临场感。在此阶段，为了避免过度干预甚至直接灌输，培训师要有意识地适当减弱教学临场感，特别是减弱直接指导。

学习后期重点设计认知临场感第四阶段的解决类学习活动，来支持学习者认知临场感的创设和知识建构。该阶段主要设计一些创作和展示相结合的综合活动。情境认知理论认为，学习发生在有意义的情境中是最有效的，强调情境与学习者经验建立起有意义的联系。情境化学习已经成为有意义学习和促进知识向能力迁移的一个重要途径。因此，学习活动的创设要基于具体的情境，可以基于具体的教学实践场景，也可以通过虚拟现实、增强现实、混合现实技术实现虚拟和现实的结合，增

---

① 参见罗儒国：《中小学教师网络学习现状调查与优化策略》，载《现代教育管理》，2020(9)。

② 参见潘琼、严加平：《教师学习情境的属性表征及优化——基于伊列雷斯的"学习情境观"》，载《教师发展研究》，2022(1)。

③ 参见梁文艳、李涛：《怎样的专业发展活动能有效提升教师课堂教学质量？——基于TALIS 2013上海样本的实证研究》，载《教育科学》，2018(6)。

加沉浸性、交互性和多感知性。为了促进认知临场感，培训师应在学习活动开始时进行问题情境的创设，逐步搭建支架引导学习者开展探究，形成问题解决方案。在学习后期，培训师还需要针对个人或小组的学习成果，设计展示、评价和反思等学习活动，进一步提高认知临场感的强度，促进学习者的知识建构，支持学习者对所学知识迁移应用、解决问题，促进学习者实现自我发展。在将理论与实践结合的过程中，每个学习者都可能会面临各自不同的问题、困难和需求，因此培训师要及时给予个性化的指导。

4. 活动组织

教师混合式学习的学习活动既有线下活动，也有线上活动。在教师混合式学习中，培训师可以根据实际需要设计线上与线下学习活动的比例，穿插进行线上与线下学习活动。穿插进行线上与线下学习活动，既要避免线上与线下学习内容的简单重复，又要注重线上与线下学习活动之间的彼此呼应、相互支持与自然衔接。例如，线下学习时可以对线上学习结果进行汇报、点评，线下的学习任务和互动交流可以延伸到线上继续开展。穿插进行线上与线下学习活动，还要注意是否发挥出了线上学习和线下学习融合的优势。对于意思比较连贯的讨论以及需要合作和知识共享来解决的问题，面对面的交流比较有利；趋向个人反思阶段的活动比较适合利用在线环境。①每个线上与线下学习活动在整个学习进程中是前后有序、自然融合的。线上与线下学习活动穿插进行，有利于保持学习者活力，优于线上与线下学习活动分别集中时间进行。

合理穿插进行线上与线下学习活动可以抓住几个关键点。在教师混合式学习初期，培训师可以充分利用线下学习的优势，优先设计线下学习活动，激发学习者动机，帮助学习者建立彼此信任、友好的关系与氛围，形成较高水平的社会临场感，初步形成学习共同体。在教师混合式学习过程中，培训师需要随时观察学习者的状态和表现。当学习者表现出倦怠、有孤独感时，培训师要及时设计和组织线下学习活动，进行面对面的交流互动、学习指导和学习小结，鼓舞和激励学习者。通过了解并解决学习者的问题、客观评价并反馈学习者前期的学习表现和学习成果等活

---

① 参见[加]兰迪·加里森、[加]诺曼·D. 沃恩：《高校教学中的混合式学习：框架、原则和指导》，丁妍、高亚萍译，19、20页，上海，复旦大学出版社，2019。

动，培训师形成了较高水平的教学临场感，有利于激发和保持学习者的学习动机与学习热情。实践应用、复杂问题解决等环节体现了知识的应用与创新，这些对于学习者而言是最困难的，培训师应适时设计和组织线下学习活动，引导学习者合作探究、真实体验、及时反思、充分交流，并针对问题的难易程度给予学习者不同的启发和指导、提供不同的学习支架，以助力学习者克服困难，完成最后的知识建构，形成较高水平的认知临场感。培训师抓住这些关键点，穿插进行线上和线下学习活动，有利于保持学习者的学习活力。

5. 指导与反馈

学习者在各个活动中都可能遇到多种问题，培训师团队应该给予及时、充分的指导与反馈，对学习者的指导与反馈速度越快，师生之间的交流就越流畅，对学习者学习积极性的促进作用就越明显。相关研究表明，在缺乏指导与反馈的线上学习环境中，学习动机往往难以持续保持，缺乏同伴的支持，学习者更容易产生倦怠和孤独感。① 培训师应及时地倾听、接纳学习者的学习体验、心理感受，给予情感支持；随时了解学习者在学习过程中的困难并及时给予恰当的建议和指导，帮助学习者克服困难、扫清学习障碍；针对学习者的作业、教学实践等进行细致的指导和反馈，加强和学习者的交流，对学习者表现好的地方充分肯定，对学习者需要修改、完善的地方明确指出并督促学习者改进；及时了解学习者参与研讨交流的情况，将每次研讨交流的数据统计结果告知学习者，关注学习者的具体表现，适时地总结学习者的发言，表扬有见地的观点，及时肯定、激励学习者，使学习者感到被关注；根据学习活动计划定期总结学习者的整体学习状况，如学习进度情况、任务完成情况、交互讨论情况、小组协作学习情况、作业完成情况等，并适时在公告区内发布情况公告，明确学习者已取得的成果以及还存在的问题，总结学习者在学习活动过程中的优点和缺点，促进学习者的自我评价、自我监控和反思。

(四)评价链设计

在有组织的教师混合式学习中，学习平台、培训师、学习者本人、同伴给予学习者的评价形成了一条评价链，实现了对学习者的形成性及总结性评价。

---

① 参见潘丽芳：《技术支持的教师学习环境模型构建》，载《中国电化教育》，2020(10)。

　　评价是指以已制定的学习目标、学习要求为依据，对学习者的学习过程、学习结果进行评价，一般采用形成性评价和总结性评价相结合的方式。形成性评价能有效监督学习过程，通过细节性问题的改善来提高学习效果。其中，线上学习过程的形成性评价主要通过对签到、活动参与度、在线测试、阶段性作业等学习者的在线学习数据进行跟踪来进行。总结性评价主要通过对形成性评价的总结，对测试成绩、学习成果的分析等方式来进行。形成性评价强调评价的动态性和继续性，即随着学习的发生而不断对学习过程进行评价，具有及时性的特点，为学习改进提供了有效的反馈信息。混合式学习评价在内容上要注重科学检测学习者的深度理解、能力提升、实践应用等层面的学习成效；在时效上要注意及时评价与反馈学习者活动参与、任务完成等情况；在方法上要综合运用定量与定性评价，综合考察学习者的学习状况；在范围上要覆盖学习的全过程，针对不同阶段的学习特点，使用不同的评价内容、评价方法。

　　教师混合式学习评价分别由学习平台、培训师、学习者本人、同伴来完成。学习平台是教师混合式学习中的基本载体，能自动捕捉学习者的线上行为并记录，包括登录次数、每次登录时间和时长、研讨参与度以及作业完成情况等。很多学习平台还能形成可视化的分析结果，直观反映学习者的学习态度、学习方式和学习能力等。大数据与学习分析技术的发展，使测评从粗放走向精准。① 在面对面的线下学习中，培训师也可以利用学习平台进行多种学习活动的辅助和记录。学习平台对学习轨迹的记录和分析适用于混合式学习的全过程。培训师根据与学习者的交流和互动、学习平台对学习者学习轨迹的记录和分析、学习者的作业完成情况和质量、学习者的测试结果、学习者的教学实践活动情况等，对学习者的学习过程、学习结果做出评价。培训师和学习平台的评价经常结合在一起。学习者自评可以利用事先设计制作好的评价量表进行。培训师在线上或者线下适当的学习过程中组织学习者进行自评，有助于学习者建立自信心、获得较高的学习成就，还能在一定程度上缓解学习后期高难度的学习任务所带来的压力、焦虑和挫败感等。培训师还可以通过学习核对单、思维导图等学习支架引导、促进学习者反思。学习者对自己的学习有

---

① 参见闫寒冰、单俊豪：《从培训到赋能：后疫情时期教师专业发展的蓝图构建》，载《电化教育研究》，2020(6)。

着更清晰、正确的了解和认识，他们对自己学习过程和学习结果的评价对指导与修正自己的学习表现更有针对性、及时性和可接受性。评价过程要注意同伴的作用，不要让评价仅仅是"平台记录"评、"助学导师"评，而失去"同伴互助"促进研修质量和效益提升的作用。① 同伴互评是对除自己以外的其他学习者进行评价的一种方法，可匿名评价也可直接评价。学习成果展示和实践展示环节经常采用同伴互评的形式。同伴互评既可以在现场面对面进行，也可以借助学习平台进行。同伴互评既是促进知识迁移应用的重要途径，也有助于学习者相互了解，提高自信心和学习参与度。

第三节 教师混合式学习生态系统的个体学习策略

学习策略是学习过程中指导学习者进行高效学习的各种方法、技巧以及相关的学习规则或学习程序，或者是调节学习者具体学习过程的一种手段。② 针对教师混合式学习生态系统的特点，教师作为学习主体可以尝试使用以下学习策略，以改善学习体验、提升学习效果、增强实际获得。

一、自我导向策略

21 世纪是一个知识化的新时代，是一个很难定义终身职业的时代。对于社会成员来说，他们唯一的终身职业就是学习者。社会成员要学会学习、终身学习，只有这样才能适应时代的发展。在终身学习理念以及对教师职业特点的认识的影响下，教育教学越来越被看作一种学习型专业，成为教师就意味着终身学习。教师的可持续性成长和专业发展离不开教师学习。教师具备较强的自我控制能力，能够管理和

① 参见汪文华、邱志飞：《中小学幼儿园教师混合式在线培训效果有效评价策略探讨——以 A 省 W 市 2020 年教育专项培训项目为例》，载《中小学教师培训》，2021(6)。

② 参见殷明、陶玲霞、刘电芝：《学习策略选择、执行与转换的影响因素探析》，载《苏州大学学报(教育科学版)》，2018(1)。

调节自己的学习行为与情感；教师具备较强的学习动机，因为他们深知教育工作的重要性和挑战性，希望不断提高自己的教学水平和素质；教师具备丰富的学习背景和经验，他们掌握了一些基本的学习技能和方法；教师具备积极的学习态度和习惯，他们善于思考和探索，勇于尝试和创新，因此能够更好地实现自我导向学习。网络和多样化的信息技术学习为教师提供了丰富的、共享的学习资源和自由的时空选择，教师可以根据自己的实际情况，在不同时空选择不同的学习内容和学习手段，实现个性化的自主学习。在教师混合式学习中，面临物理和数字空间多任务、宏信息的冲击，教师只有在学习中坚持自我导向，才能增强学习的针对性、持续性和获得感。

自我导向主要体现在自我诊断、定向规划、主动调节三个方面。教师需要根据自我反思、同伴反馈、专家指导建议等判断和识别工作中面临的问题，根据问题分析需要学习哪些内容、如何找到学习资源、如何规划具体的学习日程，针对学习过程中的注意力、动机、情感变化等主动进行调节。教师自我发展的需求是学习的出发点，在学习过程中教师自我反思、自主选择、自我监控，对习得的知识、技能进行主动构建。根据美国心理学家洛克（E. Locke）和莱瑟姆（G. Lathem）的观点，目标能提供努力的动力，增加坚持性，当人有明确的目标时，更不容易放弃目标，直到完成目标。教师的个人目标定位对其专业发展和主动学习的持续性有重要影响。教师树立长远目标以及为达到该目标而必须完成一系列短期目标，从而激发学习动机。在教师混合式学习中，一方面，教师处于复杂的社会环境中，外界的干扰因素会对教师学习产生一定的影响；另一方面，除了环境干扰外，网络本身也是分散教师学习注意力的一个影响因素。由于信息资源庞杂，教师容易受到无关信息的干扰，分散注意力，而且非线性的阅读方式也使教师很难专注于某个知识点或内容。因此，在学习过程中，教师要提高个人的自控力，加大学习的努力程度和投入程度，主动调整学习策略，有意识地自我监控、自我调节和自我反馈，以使注意力能高度集中。

二、信息选择策略

丰富的信息、多功能的网络环境很容易转移学习者的注意力，过多的资源导致信息超载，大量信息污染与噪声影响了学习者的审辨力。当身处信息过剩的环境中时，学习者会疲于应对众多信息，甚至会产生焦虑和抵触。面对每天扑面而来的海量信息，学习者必须做信息的主人而不是奴隶，才能不被信息淹没。另外，大数据精准推送形成的"信息茧房"带来刻板认知等现象，限制了学习者的视野，窄化了学习者的学习范围。因此，教师要学会信息选择。

第一，教师要基于明确的学习目标和学习主题。教师的信息选择应服务于自身成长和专业化发展。在学习前，教师先要明确自己需要解决什么问题、了解什么内容，以此确定学习目标和学习主题，然后围绕确定的学习目标和学习主题，基于问题解决展开学习，有选择地获取信息。第二，教师要多注意观察、交流和反思，这对于发现和明确问题，以及找到多个问题解决的视角、思路和方法有很大帮助。这样既有利于明确学习目标和学习主题，也在一定程度上避免了关注点过于集中；既不会使教师面对海量信息无从下手，也不会因学习内容单一造成智能推送的内容过于窄化。第三，教师要多元化获取信息。在获取信息时，教师不要只依赖于一个来源或平台，而是要从多个渠道获取信息。教师可以通过优质公众号、主题学习群、专业论坛、新闻网站等获取信息。第四，教师要多角度审视信息。在获取信息时，教师不应盲目相信信息，而应该进行独立思考和分析，不轻易相信未经证实的信息；应该从多个角度来审视信息，包括信息的来源、信息的内容等，以确保所获取的信息全面、客观和准确。第五，教师要主动打破平衡。教师对于智能化平台信息的定向推送要用辩证的思维去看待，它在帮助你提高学习效率的同时也屏蔽了你对其他信息的接收，长此以往，你的视野和学习范围会受到影响。因此，教师要适时地、主动地打破这种平衡，主动更新学习的视角，形成新的学习主题。长期如此，教师的知识和技能会不断更新，对信息的理解和处理能力会不断增强。

三、知识整合策略

在教师混合式学习情境下，教师会不可避免地表现出碎片化学习特征，无论是在非正式学习中还是在正式学习中。碎片化学习是相对于系统学习而言的，其含义主要包括两个方面：一是指学习内容的碎片化，二是指学习时间、空间的碎片化。学习内容的碎片化是指不系统地学习某领域、某学科的知识，零星地、孤立地学习某方面的知识，获得相关信息。学习时间、空间的碎片化是指不集中时间和固定地点学习，利用短暂的、闲散的时间进行相对随意的学习。由于时空的灵活性、学习资源的易获得性，碎片化学习已经融入教师的日常生活。但是教师学习的碎片化对知识的整体性理解和过程性吸收带来了负面影响，可能造成教师缺少知识的整体观和全面观，缺乏对一些问题的全面把握和综合理解。要避免这种情况的发生，教师要及时、主动地进行知识梳理与转化，不断整合碎片化学习。

碎片化学习之间虽然是相对独立的，但是也包含着一定的联系，可以动态重组。知识整合是指分析各碎片化知识之间以及与已有知识之间的关联，根据关联程度进行重组，形成较系统的知识体系。教师在学习过程中要善于提取信息和联想，可以借助概念图或者思维导图等，对信息进行整理归类，把新获得的信息和原有的知识、情境结合起来，把分散、孤立的知识集合成一个整体，这样能促进教师对知识的理解和记忆，有利于学习的强化和知识的迁移。教师通过梳理将散乱的信息片段整合为知识体系的一部分，扩展了自己的知识储备。教学实践与反思可以促进教师对碎片化学习的理解和感悟，实现对所学知识的内化。教师通过从理论上对课堂情境加以解释、思考教学活动中隐含的理论和原理、在相似的教学情境中寻找规律、联系具体的事例来理解新颖的教学理念等具体的实践和反思过程，调用碎片化学习的内容，实现学习到应用的转化、知识获取到知识内化的转化，加深了对碎片化学习资源的理解，能更有效地将其重组并整合到知识体系中。教师主动进行知识梳理与转化，有利于整合碎片化学习，使其发挥出更大效应。

四、思维发展策略

教师混合式学习生态系统的特点决定了教师要关注自己非线性思维和批判性思维的发展。这是教师适应混合式学习生态系统、促进自身成长的必然要求。

在传统的学习中，教师习惯采用线性思维方式，将学习内容按系统的方法分解为最简单状态，然后分门别类地学习。然而，在教师混合式学习中网络信息资源是按照超文本结构组织起来的，是非线性的。网络信息资源的大数量、多样态以及非线性的组织形式，容易使教师在学习过程中"迷航"。教师要适应资源的非线性组织形式，提高对学习路径的识别力；强化搜索意识，掌握多种信息搜索技巧，使自已在"迷航"时通过搜索快速获取信息，提高信息获取的效率；学会将信息进行非线性组织，以便于知识的存储和提取。在混合式学习生态系统中，教师要处理的信息量很大，需要通过非线性思维去理解和整合这些信息；教师经常通过自主学习去探索新的知识，需要具备非线性思维来支持创造性思考；教师在学习中还涉及线上和线下学习内容的协调使用，涉及多种学习方式、学习资源和学习策略的选择使用，以及技术环境的变化等，这些都需要教师具备非线性思维，以灵活应对。

在教师混合式学习中，信息量非常庞大，教师需要评估其价值，选择最有用的信息；信息来源众多，其质量参差不齐，教师需要评估信息的来源及其准确性和可靠性；教师经常进行自主学习，需要具备独立思考、分析和解决问题的能力；教师经常与其他教师进行交流互动，需要评估他人的观点和进行有价值的反馈；学习内容和学习方式非常多样化，教师需要评估和选择最适合自己的学习内容和学习方式。发展批判性思维，可以帮助教师更好地应对这些挑战。线上和线下交流的组合可以促进教师批判性思维的发展。在教师混合式学习中，线上主要使用文本交流，线下主要使用口头交流，文本交流与口头交流结合后，形成了一个异步与同步、通过媒体与直接交流的独特融合体。有研究证明，线下交流能产生更多的新思想，而线上交流则能产生更重要的、更合理的和具有更多关联性的理念。在线上交流中有更深层次的批判性思考存在，线上交流明显有着更深刻的释义。线上环境在提供持久记录信息方面有明显优势，教师可利用这些信息进行反思。线上和线下交流各有所长，结合两者的优势将使教师的合作变得富有成效。[1]有研究表明，线上和线下交流二者相结合，有利于发展学习者的批判性思维和创新性思维。教师要积极参加线上和线下交流，并且要有意识地做好以下几个方面：遵循自律原则，学会倾听，理智遵守交流规则；解释和维护自己的立场及观点；发展必要的人际关系，增加信任、产生友谊，建立紧密合作关系，获取集体的归属感；具有责任意识，进行有目的的讨论和批判性的反思，致力于达到预期的学习目标。

---

① 参见[加]兰迪·加里森、[加]诺曼·D. 沃恩：《高校教学中的混合式学习：框架、原则和指导》，丁妍、高亚萍译，19、20页，上海，复旦大学出版社，2019。

五、关系重构策略

在教师混合式学习生态系统中，作为学习者的教师和培训师、同伴、群体、学习资源的关系都发生了重构。教师深刻理解这些关系的变化，有助于在这个生态系统中健康发展。

教师和培训师的关系重构。传统的教师学习会有专门的培训师，而在教师混合式学习生态系统中，不一定有专门的培训师，教师可以向身边或者网络上每个人请教问题、寻求帮助。即使在有组织的教师混合式学习中有专门的培训师，教师和培训师的地位也更加平等、交流互动也更加频繁。网络空间提供了更多的学习资源，也给教师和培训师之间的交流互动提供了更多便利与可能。培训师不再是单方面的知识和技能的提供者，而是更多地扮演着指导者、学习伙伴和协同者的角色，与教师一起探索问题、解决问题。

教师和同伴的关系重构。在教师混合式学习生态系统中，教师可以跨越时间和地点"聚"在一起，每位教师都拥有自己独特的知识和经验，在某些时刻每位教师都可能成为指导者，对其他教师进行帮助和指导。教师需要有意识地去营造和保持这种合作关系，共同探索学习问题，彼此之间互为指导者，共同学习成长。

教师个体和群体的关系重构。在教师混合式学习生态系统中，教师不再是孤立的个体，也不是同一时刻只能属于一个群体，而是可以跨越不同的群体进行学习，教师个体和群体的关系发生了变化。教师可以通过跨群体的学习获得更广泛的知识和技能，进而提高自身的专业水平和教学能力。混合式学习为教师个体和群体的关系提供了新的可能。教师需要适应这种新的学习环境，积极参与到不同群体中，与其他各地教师甚至其他相关行业群体进行交流和合作，不断促进自身的专业发展和全面提升。

教师和学习资源的关系重构。在教师混合式学习生态系统中，学习资源的来源更加多样化，教师可以从全球范围内获取到各种高质量的学习资源；获取方式更为便利，教师随时随地都可以获取到所需资源；教师拥有自主选择权，可以根据自己的兴趣和需求选择合适的学习资源，灵活调整学习进度；教师和学习资源之间的互动性增强，教师可以通过社交媒体、学习社区等与其他教师和专家进行交流与互动；教师在获取学习资源的同时，通过实践反思、协作探究等生成了新的想法、经验等，这些内容对其他教师有参考和借鉴价值，这些有价值的生成性资源被教师分享出去，成了新的学习资源。因此，教师不只是学习资源的消费者，还是学习资源的创造者。

六、资源管理策略

资源管理策略反映的是教师对学习资源的使用程度。在教师混合式学习生态系统中，资源管理策略主要强调时间管理策略和主动寻求他人支持策略两个方面。

在教师混合式学习生态系统中，为教师提供的不同颗粒度的资源[1]，以及学习时间的自主性等特点，决定了教师进行混合式学习的时间管理和传统学习中的时间管理有所不同。教师通过设立明确的学习目标和计划，明确自己想要学习的内容、学习的时间和学习的方式。时间安排突出两个特点：一是充分利用碎片化时间，二是采用整段时间和碎片化时间相结合的组合方式。在日常工作、生活中，总会有一些碎片化时间，教师可以在这些碎片化时间中安排一些短时学习，如看一个微课、阅读一篇文章等。在教师混合式学习生态系统中，数字化环境的支持、微型化学习资源的供给，使碎片化学习更加方便、学习内容更加丰富，更能发挥出碎片化时间的作用。整段时间主要用于相对较丰富的学习资源的学习或者一段时间碎片化学习之后的梳理、反思及在此基础上的深入学习。

主动寻求他人支持策略，即对学习源的有效利用，是教师资源管理策略的重点。[2] 在教师混合式学习生态系统中，教师的学习源除了身边培训师指导、专家引领、同事交流与相互影响、学生反馈等外，通过网络连接又增加了无数同伴、专家等，与他们的分享和互动也成为教师学习的重要来源。教师可以通过社交网络、在线论坛，与其他教师或相关专家等建立联系，提出自己的困惑，交流教育理论和实践的最新动态，讨论各种教育问题，分享教学经验和资源等。教师混合式学习，尤其是线上学习，缺乏实时互动和面对面交流，是一种相对孤独的学习方式，教师很

① 参见任友群、冯晓英、何春：《数字时代基础教育教师培训供给侧改革初探》，载《中国远程教育》，2022(8)。

② 参见彭文波：《对教师学习策略的几点思考》，载《浙江教育学院学报》，2010(5)。

难得到及时的反馈和支持，也很难通过自我学习解决遇到的所有问题。通过寻求他人支持，教师既可以及时获得解答和反馈，提高学习效率，也可以促进学习社区的建立；通过与他人交流和讨论，教师可以了解不同的观点和经验，获取更多的学习资料和信息，丰富学习内容，拓展自己的知识面，从而能更好地理解和掌握所学内容，提高学习质量；通过解决具体的学习问题，教师可以增强彼此的情感沟通，从而减少孤独感。

掌握和运用这些个体策略，教师能更好地适应混合式学习生态系统，实现专业发展和生命成长。

参考文献

1. [加]兰迪·加里森，[加]诺曼·D. 沃恩 . 高校教学中的混合式学习：框架、原则和指导[M]. 丁妍，高亚萍，译 . 上海：复旦大学出版社，2019.

2. 白蕴琦，冯晓英，陈丽 . "互联网+"时代教育服务供给模式改革的趋势和策略[J]. 终身教育研究，2021(2)：13-19.

3. 冯晓英，曹洁婷，黄洛颖 . "互联网+"时代混合式学习设计的方法策略[J]. 中国远程教育，2020(8)：25-32+54+77.

4. 冯晓英，郭婉瑢 . "互联网+"时代的混合式教师研修：理念与实施路径[J]. 教师发展研究，2021(1)：33-40.

5. 冯晓英，林世员，骆舒寒，等 . 教师培训助力教师专业成长提质增效——基于国培项目的年度比较研究[J]. 中国电化教育，2021(7)：128-135.

6. 冯晓英，孙雨薇，曹洁婷 . "互联网+"时代的混合式学习：学习理论与教法学基础[J]. 中国远程教育，2019(2)：7-16+92.

7. 冯晓英，王瑞雪 . "互联网+"时代核心目标导向的混合式学习设计模式[J]. 中国远程教育，2019(7)：19-26+92-93.

8. 冯晓英 . 在线教学的"54321"[J]. 中国教师，2020(6)：13-15.

9. 兰国帅 . 探究社区理论模型：在线学习和混合学习研究范式[J]. 开放教育研究，2018(1)：29-40.

10. 李江，夏泽胜 . "互联网+"时代的教师培训：模式更新、价值证成与行动路径[J]. 教师教育研究，2020(4)：38-44.

11. 梁文艳，李涛 . 怎样的专业发展活动能有效提升教师课堂教学质量？——基于TALIS 2013 上海样本的实证研究[J]. 教育科学，2018(6)：25-31.

12. 林冰冰，张贤金 . 混合式教师培训的困境与进路[J]. 中小学教师培训，2021（8）：5-9.

13. 罗儒国. 中小学教师网络学习现状调查与优化策略[J]. 现代教育管理，2020（9）：74-81.

14. 潘丽芳. 技术支持的教师学习环境模型构建[J]. 中国电化教育，2020（10）：115-120.

15. 潘琼，严加平. 教师学习情境的属性表征及优化——基于伊列雷斯的"学习情境观"[J]. 教师发展研究，2022（1）：50-57.

16. 彭文波. 对教师学习策略的几点思考[J]. 浙江教育学院学报，2010（5）：6-11.

17. 任友群，冯晓英，何春. 数字时代基础教育教师培训供给侧改革初探[J]. 中国远程教育，2022（8）：1-8+78.

18. 汪文华，邱志飞. 中小学幼儿园教师混合式在线培训效果有效评价策略探讨——以 A 省 W 市 2020 年教育专项培训项目为例[J]. 中小学教师培训，2021（6）：12-16.

19. 王志军. 在线辅导中网络社团的组建和维护：辅导教师社会维度的能力[J]. 中国电化教育，2012（8）：46-50.

20. 翁伟斌. 教师培训走向何方——对教师培训的审视[J]. 上海师范大学学报（哲学社会科学版），2020（3）：73-82.

21. 吴林静，张少帅，刘清堂，等. 网络研修中教师研修需求的差异性研究——基于研修计划的认知网络分析[J]. 电化教育研究，2020（12）：43-49.

22. 闫寒冰，单俊豪. 从培训到赋能：后疫情时期教师专业发展的蓝图构建[J]. 电化教育研究，2020（6）：13-19.

23. 杨建伟. 翻转学习的设计与实现[M]. 北京：知识产权出版社，2021.

24. 杨开城. 以学习活动为中心的教学设计实训指南[M]. 北京：电子工业出版社，2016.

25. 杨现民，余胜泉. 生成性学习资源进化评价指标设计[J]. 开放教育研究，2013（4）：96-103.

26. 殷明，陶玲霞，刘电芝. 学习策略选择、执行与转换的影响因素探析[J]. 苏州大学学报（教育科学版），2018（1）：47-56.

27. 尹睿. 个人网络学习空间支持教师学习的生态研究[M]. 北京：高等教育出版社, 2020.

28. 余新. 教师培训师专业修炼[M]. 北京：教育科学出版社, 2012.

29. 曾召文, 丁丽. ARCS 模型在教师混合式培训中的设计与实践[J]. 中小学教师培训, 2021(1)：10-15.

30. 赵呈领, 李红霞, 蒋志辉, 等. 消除在线学习者倦怠：教师情感支持的影响研究[J]. 中国电化教育, 2018(2)：29-36.

后　记

　　为适应新时代教师队伍建设的新要求，2019 年，北京教育学院批准立项重大课题"新时代中小学教师学习状况与策略研究"。此课题以教师学习为切入点，综合运用量化和质性研究方法，系统研究中小学教师的学习现状、影响因素和促进策略，旨在探索提升中小学教师专业素养的有效机制、路径和实施策略。课题由北京教育学院汤丰林教授主持，参与课题论证与研究的主要有来自北京师范大学、首都师范大学、北京教育学院、北京市教师发展中心以及中国人民大学附属中学、北京市第一零一中学等的专家学者与特级教师，他们对本课题的研究提出了许多极富创意的建议并给予了诸多具体的指导。

　　《新时代的教师学习：构建教师智慧学习新生态》是"新时代中小学教师学习状况与策略研究"课题的研究成果之一。本书总序由北京教育学院汤丰林教授撰写，前言由北京市教师发展中心副研究员梁文鑫综合各章内容汇编，引言与第一章由北京教育学院陈卫亚博士编写，第二章由北京教育学院徐慧芳副教授编写，第三章由北京教育学院胡淑均副教授编写，第四章由北京市教师发展中心副研究员杨建伟编写。本书所存在的错误和偏颇之处，还希望各位读者不吝赐教。

　　最后，要感谢北京师范大学出版社将此研究成果列入出版计划。同时，特别向本书的编辑们致以深深的谢意，他们出色的工作保证了本书内容的流畅和清晰，极大地提升了本书的品质。

教师混合式学习研究团队

2022 年 10 月